AF139263

Dr. Ulrich Scharfenort-Halim

ALLES 2.0

Die Suche nach dem Sinn, den Ursachen und dem Rest

Bibliografische Information der Deutschen Nationalbibliothek: Die Deutsche Nationalbibliothek verzeichnet diese Publikation in der Deutschen Nationalbibliografie; detaillierte bibliografische Daten sind im Internet über http://dnb.dnb.de abrufbar.

© 2016 Dr. Ulrich Scharfenort-Halim

Illustration: Dr. Ulrich Scharfenort-Halim

Herstellung und Verlag: BoD – Books on Demand, Norderstedt

ISBN: 978-3-7392-4226-2
ISBN Ebuch: 978-3-7396-3566-8

Inhaltsverzeichnis

Vorwort

Dieses Buch soll Menschen dabei helfen, sich selbst zu finden. Es ist keine abschließende Betrachtung und man sollte sich einen offenen Geist bewahren, bei dem Weg durch die nachfolgenden Seiten. Jede Reise fängt mit dem ersten Schritt an, auch die Reise zur Weisheit.

So mancher Gedankensprung erscheint vielleicht auf den ersten Blick etwas weit hergeholt, aber ich versuche ALLES, möglichst nachvollziehbar zu erläutern. Ich hoffe, es ist für jedermann verständlich. Sollte etwas nicht verstanden werden, kann jeder nachfragen. In eventuell zukünftigen Versionen werden die Kommentare und Fragen soweit sinnvoll und möglich eingearbeitet. Angaben zum Kontaktieren finden sich auf den letzten Seiten.

Den Titel "Alles" habe ich nicht ohne Grund gewählt, denn wirklich alles steht auf die eine oder andere Weise miteinander in Zusammenhang. Um die Zusammenhänge zu erkennen, bedarf es Wissen und Verständnis. Das Buch stellt den Versuch einer Antwort auf alle Fragen dar. Wobei dieses hohe Ziel natürlich nie erreicht wird, denn auch wenn es noch so verständlich erscheinen mag, endgültige Antworten gibt es nicht. Viele der Ideen und Überlegungen sind eigentlich nichts neues, wie man an einigen Zitaten erkennen kann, aber dieses Buch bereitet die Zusammenhänge sehr konzentriert auf.

Eine Suche ist ein Weg zur Weisheit, denn auf dem Weg entdeckt man sich selbst. Ziele hindern einen dabei nur daran, auf dem Weg voranzukommen, denn ohne Ziel kommt man ewig voran.

Folge dem nichterkennbaren Pfad. Erforsche die Möglichkeiten in dir selbst. Es gibt schließlich unzählige

Wege für das Leben, aber bedenke, man kann immer nur einen gehen. Dazu ist aber auch immer ein Blick nach vorne nötig, wer nur zu 'Boden' blickt, wird viele Chancen verpassen.

Ich bin mir sicher, dass es einige Menschen gibt, denen es wie mir geht. Die auf der Suche nach sich selbst sind. Wahrscheinlich sind sogar alle Menschen auf der Suche nach sich selbst, auch wenn es ihnen nicht bewusst sein mag. Es ist schade, wenn Menschen nicht bewusst wird, was eigentlich fehlt in ihrem Leben. Es ist letztlich verschwendetes Potential.

Grundbedürfnisse von Menschen

Jeder Mensch hat Bedürfnisse. Selbst der Versuch sich frei zu machen von Bedürfnissen ist wiederum ein Bedürfnis. Meistens ist es in diesem besonderen Fall das Bedürfnis nach Erleuchtung oder aber auch jenes nach Freiheit. Bedürfnisse, welche nicht so einfach zu stillen sind, wie der Hunger. Und selbst dies ist in einigen Gegenden kaum möglich.

Man kann Bedürfnisse zur besseren Analyse in Ebenen aufteilen, welche letztendlich eine Art von Pyramide bilden. Je tiefer die Ebene der Pyramide, desto grundlegender sind die jeweiligen Bedürfnisse. Diese Überlegungen zu einer "Bedürfnispyramide" stammen von Abraham H. Maslow.

Viele Menschen schaffen es die Grundbedürfnisse (Physiologische Bedürfnisse) zu erfüllen. In diese Kategorie gehören Dinge wie Nahrung, einem Ort zum Leben und auch die Fortpflanzung. Man könnte dies auch als die tierischste Seite des Menschen bezeichnen. Hier sind keine Unterschiede zwischen Mensch und Tier zu finden. Die Grundbedingungen zum Überleben und am wichtigsten dem Erhalt der Spezies müssen erfüllt sein. Die an ihre Umwelt anpassungsfähigen Spezies schaffen dies auch.

Dabei kann die eigene Spezies sich zur härtesten Konkurrenz entwickeln. Denn die, welche die am geringsten vorhandene Ressource kontrollieren, beherrschen alle. Damit wird auch die Wachstumsrate der Spezies kontrolliert.

Ein schon geringerer Teil der Menschen schafft es, das Bedürfnis nach Sicherheit zu befriedigen. Sicherheit muss nicht unbedingt die Abwesenheit von Gefahr sein. Ein erlernter Umgang mit Gefahr bringt auch Sicherheit. Für viele gehören zur Sicherheit die soziale Absicherung und eine Form von (Staatlicher-)Ordnung, die das Zusammenleben derart gestaltet, dass Gefahren minimiert werden. Sicherheit scheint mir trotz allem aber so, dass je mehr man ein sicheres Leben hat, desto stärker auch das Bedürfnis nach noch mehr Sicherheit wird. Besonders bei diffusen Gefahren, die man nicht so recht einordnen kann. Zu diesen Gefahren gehört heutzutage der Terrorismus, obwohl andere realere Gefahren teilweise gar nicht bewusst wahrgenommen werden. Als Beispiele seien hier Gefahren, wie Lärm oder Tabaksucht genannt. Diese wirken nicht plötzlich, sondern führen zu einem schleichenden Tod.

Auch hier gilt häufig, je mehr man sich mit einer Gefahr auseinandersetzt, desto kleiner wird das Gefühl der Unsicherheit. Das Sprichwort "Gefahr bekannt, Gefahr gebannt", steht in diesem Zusammenhang für das Wissen um eine Gefahr. Die Gefahr existiert weiterhin, allerdings geht man anders mit der bekannten Gefahr um. Die Gefährdung kann sich durch kundigen Umgang sogar verringern.

Unter sozialen Bedürfnissen, sollte man das Bedürfnis nach menschlicher Gesellschaft verstehen. Sei es nun Familie, Freunde und Bekannte oder die Liebe inklusive Kuscheln. Jeder hat einen unterschiedlichen Bedarf nach Nähe. Man muss wie bei den anderen Ebenen zuvor auch hier das richtige Gleichgewicht finden. Es gibt Menschen, bei denen führt ein Übermaß an Nähe zu einer Überreizung. Diese Menschen ziehen sich dann häufig zurück und andere können gar nicht genug bekommen. Es gibt keine Norm, an der man sich orientieren kann. Wichtig ist das richtige persönliche Maß zu finden. Eines mit dem man sich wohl fühlt.

Individualbedürfnisse sind je nach persönlicher Einstellung zum Beispiel Anerkennung und Achtung durch andere. Dies kann in Form von beruflichen oder privaten Erfolgen, Macht und Status sein. Teilweise muss man große Opfer bringen, um diese Ebene zu erreichen. Die Selbstachtung bzw. Ehre kann man auch zu dieser Ebene zählen, allerdings ist es weit verbreitet die Wertschätzung durch anderen auf die Selbstachtung zu projizieren. Es kommt also mehr darauf an, was anderen von einem halten. Dabei können kleine Schritte für den einen schon weltbewegend für jemand anderen sein.

Besonders wichtig scheint einigen der Status im "Rudel" zu sein. In gewisser Form geht es dabei immer um Größe und Stärke gegenüber anderen. Genauer gesagt geht es um den Status als wichtigstes Männchen oder Weibchen. Das hängt noch mit dem Urtrieb für den besten Nachwuchs zusammen. Auch unter den Menschen ist dieses Verhalten immer wieder zu beobachten. Von vielen wird dies nicht wahrgenommen, auch wenn es täglich um einen herum praktiziert wird. Man kennt es wie manche Vorgesetzte sich aufplustern, zum Beispiel in einer Diskussion, wo diese Person unbedingt das letzte Wort haben will. Selbst, wenn es falsch sein soll. Hier geht es um die Durchsetzungsfähigkeit.

In der Gruppe sind die meisten stärker. So können teilweise aus den Sozialbedürfnissen auch die Individualbedürfnisse befriedigt werden. Die Verbindungen zwischen den einzelnen Ebenen sind somit viel tiefergehender, als das einfache Model der Bedürfnispyramide offenbart.

Die Selbstverwirklichung kann nur selten erreicht werden. Man geht dann jenen Dingen nach, die einem den Sinn des eigenen Lebens offenbaren. Freizeit und Beruf erfüllen die einen und die Suche nach Erleuchtung und

Selbstvervollkommnung den anderen. Um die "Erleuchtung" oder zumindest einen Pfad zu ihr, geht es manchen Religionen. Andere dagegen sind mehr oder weniger ein Machtinstrument, dass nur vorgibt den Menschen oder einem Gott zu dienen. In allen Religionen sind Reflexionen der Pyramide zu erkennen. Die Stufen einer Treppe, an deren Spitze die Erleuchtung sitzt. Wobei jeder Weg zur Erleuchtung führen kann, aber nicht muss. Insbesondere Zwang verkehrt den Pfad zur Erleuchtung zum Pfad in die metaphorische Finsternis einer geistigen Steinzeit. Vertreter religiöser Strömungen, welche mit Zwang andere bekehren wollen sind leuchtende Beispiele für den Weg ins finsterste Tal. Denn ich muss überhaupt nichts tun. Es gibt keinen Zwang, außer jenem, den man sich selbst auferlegt. Ich darf alles tun, was ich möchte und muss nur die Konsequenzen tragen. Wobei einige biologische Funktionen schon ein Zwang namens Instinkt sind, den man nicht gänzlich frei gestalten kann.

Nicht alle Bedürfnisse scheinen stillbar zu sein. Die unteren Stufen sind sogenannte Defizitbedürfnisse, wenn sie erfüllt sind, brauchen sie vorerst nicht mehr erfüllt werden. Unstillbare Bedürfnisse sind, wie der Name schon sagt, nicht erfüllbar. Ihre Befriedigung kann teilweise nur angestrebt werden, aber je mehr man sich der Erfüllung nähert, desto kleiner werden die Fortschritte. Man muss sich das so vorstellen, als würde man auf eine Mauer zugehen. Dabei halbiert man mit jedem Schritt die Schrittweite. Die Mauer wird man nie erreichen und sie trotzdem immer vor Augen haben. Andere Fälle der unstillbaren Bedürfnisse sind jene der Kreativität und Schaffenskraft. Es kommen Künstlern, Erfindern und Erschaffern immer wieder neue Ideen, die sie verwirklichen. Wobei auch hier sich niemals alle verwirklichen lassen, weil die Zeit einfach nicht reicht. Man kann immer nur eine Auswahl treffen.

Bei allen Bedürfnissen des Lebens und deren Erfüllung hilft eine positive Einstellung enorm. Denn je nach Blickwinkel sehen Dinge besser oder schlechter aus. Am sinnvollsten ist eine realistische Einordnung der eigenen Situation und auch der eigenen Erfüllung.

Wie ein Pfeiler zieht sich ein verborgenes Bedürfnis durch alle Ebenen. Unbewusst oder bewusst ist es doch immer vorhanden. Das wahrlich unstillbare Bedürfnis der Unsterblichkeit. Nicht an einem bestimmten Punkt in der Zukunft einfach zu enden und doch nichts dagegen tun zu können.

Die Ebenen der Pyramide kann man auf ein Individuum aber auch auf eine Gruppe bezogen sehen. Zum Beispiel ist eine religiöse Gruppierung die Selbstverwirklichung als Bestandteil einer Gruppe. Auch die "Jagd" im "Rudel" ist dadurch gekennzeichnet. Als besonderes Bedürfnis ist bei vielen Menschen der Status zu erkennen. Der Status heißt, wie bereits erwähnt, natürlich auch eine bessere Möglichkeit selber Nachwuchs zu haben. Aus der Evolutionslehre weiß man, dass nicht Überleben das primäre Ziel ist, sondern die Fortpflanzung. Das Überleben der Spezies wird dabei als wichtiger angesehen, als jenes des Individuums. Mit Partnern aus größerer Entfernung ist die Überlebensfähigkeit der Nachkommen größer. Der unterschiedliche Genpool (geringerer Inzestfaktor) führt zu größerer Vielfalt und mehr Möglichkeiten, auf externe Faktoren zu reagieren. Natürlich werden auch genetische Fehler innerhalb der eigenen Nachkommen gemindert.

Man sagt 'Liebe erkennt Liebe' nicht ohne Grund. Denn wer zusammen passt, wird sich erkennen. Es sind Gefühle, aber zugleich auch der Zugang zur eigenen

Nachkommenschaft. Die Prozesse sind komplex, sodass der Begriff Liebe es am einfachsten umschreibt und nicht zu fern von der naturwissenschaftlichen Wahrheit ist.

Die Bedürfnisse und ihre Priorität verschieben sich im Laufe des Lebens. Aber auch Stimmungen können die Prioritäten für Bedürfnisse verändern. Man sollte sich des Öfteren fragen, was einem am wichtigsten ist. Selbst dann, wenn man dafür die Abgründe des eigenen Selbst sehen muss.

Die Motivation

Die Motivation für all unser Handeln ergibt sich aus unseren Bedürfnissen. Die Gewichtung der einzelnen Bedürfnisse variiert von Individuum zu Individuum. Nicht jeder sieht Geld und Macht als das wichtigste an. Allen Menschen ist aber gemein der Wunsch die inneren Bedürfnisse zu Befriedigen.

Um die eigene Motivation zu verstehen, muss man seine Bedürfnisse erforschen und sich derer klar werden. Das versteht man als Selbstreflexion. Diese ist enorm wichtig für den eigenen Charakter und um sich selbst zu verstehen. Natürlich ist das Verständnis der eigenen Motivation nur ein erster Schritt. Schließlich kann man, wenn man seine eigenen Handlungen versteht und nicht nur oberflächlich, sondern grundlegend, seine Umgebung besser verstehen. Wobei es Unsinn wäre die eigenen Intentionen auf andere zu projizieren. Jeder Mensch hat eigene Ziele.

Was ein Mensch sagt,
was ein Mensch meint,
was andere Menschen dabei verstehen.
Sind vier verschiedene Dinge.

Damit ist gemeint das Sprechen, Meinen, Hören und die Interpretation im persönlichen Kontext, sich sehr unterscheiden. Die Vergangenheit prägt einen immer auch für die Zukunft. Deswegen zeigt uns die Geschichte auch sehr häufig einen Blick auf die Zukunft. Wenn man genau hinschaut, kann man vieles ziemlich gut vorhersagen. Asimov beschrieb dies in seiner Foundation-Trilogie als Psycho-Historik. Aber auch in Wirklichkeit sind solche Vorhersagen für größere Gruppen einfacher, als für das Individuum. Nicht ohne Grund heißt es immer wieder - Aus der Geschichte lernen - denn die grundlegenden Muster der Macht wiederholen sich. Nicht im Detail, da gibt es durchaus Variationen, aber die großen Muster sind alle sehr ähnlich. Es gibt jene in der Gesellschaft, die lieber jemanden haben, der vordenkt, damit sie nicht soviel selbst denken müssen. Diese sehnen sich nach der Führung durch andere und geben solchen, welche für sie denken, die Macht. Solche Macht kumuliert sich immer stärker. Dabei korrumpiert Macht die geistig Armen und Schwachen, aber gerade jene streben besonders nach Macht. Oder noch treffender zusammengefasst im nachfolgenden Zitat.

Je Dümmer einer ist, desto größer sind seine Komplexe und sein Machtbedürfnis.
(Gucky in Perry Rhodan # 40)

Der zuvor erwähnte persönliche Kontext zeigt jedem einen anderen Blickwinkel auf ein Objekt, einen Menschen oder auch Geschehnisse. Dazu kommt noch, dass der Mensch vergisst. Nicht alle Informationen bleiben erhalten. Deswegen sind zum Beispiel Zeugenaussagen auch so schwierig. Jemand kann glauben, die Wahrheit zu sagen, weil er denkt, dass es wahr ist. Hat jemand zum Beispiel einen Mann mit dem Rücken zu ihm beobachtet, der etwas macht, sieht er nur einen Ausschnitt der Geschehnisse. Das Gehirn ergänzt aufgrund eigener Erfahrungen teilweise den Rest. Ob dies wirklich passiert ist, ist eine ganz andere Sache. Auch der emotionale Zustand beeinflusst den Blickwinkel. Ist man schlechter Laune, wird man die Geschehnisse negativer sehen, als wenn man guter Stimmung ist.

Über vieles in der Umgebung denkt man meist gar nicht nach. Die alltäglichen Dinge haben eine Vielzahl von Ursachen. Betrachtet man diese Ursachen, versteht man die Welt besser und kann damit auch besser sich selbst verstehen. Vieles wird nur oberflächlich betrachtet und nicht, was alles dahinter steht. Was passiert zum Beispiel bei einem Tropfen Wasser. Warum entsteht gerade diese Form beim Fall. Warum ist in der Natur vieles scheinbar Rund und nur wenig wirklich ganz symmetrischer Form. Genauso wie man bei den Dingen der Natur tiefer blicken kann, geht dies auch in sich selbst. Man isst nicht, weil man Hunger hat, sondern damit der Körper notwendige Nährstoffe erhält und teilweise einfach, weil es gut schmeckt. Heutzutage isst man leider häufig zu viel. Der menschliche Körper ist genetisch noch auf Hungern eingestellt. Früher gab es häufiger Mangel, deswegen legte der Körper Reserven an. Heute äußern sich die Reserven als Fettpolster. Natürlich ist teilweise auch ein Mangel an Selbstkontrolle mit im Spiel.

Sich selbst und den Hunger zu überwinden ist nicht einfach. Ebenso wichtig ist, was man isst und nicht nur die Menge. Bewusste Ernährung heißt, sich klar zu machen, welches Nahrungsmittel wie auf den Körper wirken. Manche regen Mechanismen an, die den Hunger sogar verstärken. Wie etwa Glutamat oder aber auch Süßstoff, welcher die Insulinproduktion anregt und damit den Hunger verstärkt. Also von wegen Diätgetränk. Das wäre dann eher Wasser oder Tee.

Ähnlich wie der Hunger nach Nahrung ist auch der Hunger nach Stimulierung. Dazu zähle ich nicht nur die sexuelle Lust, sondern auch die Lust nach Aufregung, die Lust nach stimulierenden Substanzen im Allgemeinen. Sowohl beim Sex, als auch bei Aufregung werden stimulierende Substanzen freigesetzt. In anderen Fällen nimmt jemand die Substanzen von außen zu sich. In allen Fällen kommt es zu einem Rausch.

Der Geist ist, wie der zuvor erwähnte Tropfen Wasser, der vom Himmel fällt. Auch der Geist unterliegt Gesetzmäßigkeiten und Mustern, die sich wiederholen, aber aufgrund von Chaos, auch immer etwas anders sind.

In den Bereich Ursachen für Handlungen lässt sich ganz klar der "Freie Wille" einordnen. Freier Wille ist etwas Schönes und jeder hat ihn. Man kann sich entscheiden, wobei nicht unbedingt jede Möglichkeit gleichgut erscheint.

Die Freiheit des Menschen liegt nicht darin, dass er tun kann, was er will, sondern, dass er nicht tun muss, was er nicht will.
(Jean-Jacques Rousseau)

Bei vielen Menschen wird der freie Wille durch die Vorprägung und das Wissen eingeschränkt. Dies spielt in jede Entscheidung mit hinein. Die Freiheit ist eingeschränkt, durch die eigene Vergangenheit. Wie auf einer zweispurigen Straße die Möglichkeiten zum Fahren begrenzt sind. Innerhalb der Fahrbahngrenzen gibt es allerdings wiederum unzählige Möglichkeiten zum Fahren. Ein Zentimeter mehr zu der einen oder anderen Seite ist zum Beispiel jederzeit möglich. Man hat also in den Grenzen, die einem gesetzt sind, trotzdem einen nahezu unendlichen Spielraum. Wie die Entscheidung was man zum Mittag essen wird. Es kann etwas Gesundes sein oder etwas, worauf man Lust hat. Vielleicht wird die Wahl aber auch von einem Partner oder einer Gruppe beeinflusst. Man hat sogar die Wahl nichts zu essen.

Freiheit ist immer ein beständiger Kampf zum Erhalt selbiger. Allerdings ein Kampf mit den 'Waffen' des Wissens und des Verstandes. So gesehen haben Bücher und Internet mehr für die Freiheit getan, als alle Waffen dieser Welt.

Den freien Willen kann man überall ausüben. Bewusst oder Unbewusst. Zum Beispiel beim Einkaufen im Supermarkt. Man wählt zwischen Butter oder Margarine, Fisch oder Fleisch und vielem mehr. Das ist alles Teil vom freien Willen. Selbst wenn es unbequemer erscheinen mag, sich entscheiden zu müssen. Man hat die Macht, aber auch die Verantwortung für die Konsequenzen aus den eigenen Entscheidungen. Hier anderen die Schuld für die eigenen Fehler zu geben ist verfehlt. Die eigenen Fehler liegen einzig und allein bei einem selbst. Das muss man sich auch immer wieder klarmachen. Gandhi erreichte zum Beispiel, indem er sich im späteren Leben mit den Fehlern der eigenen Jugend beschäftigte, eine hohe Selbstdisziplin und erkannte dies als Weg zur Selbsterkenntnis. Der Mensch sucht zu schnell die Schuld bei anderen und viel spät erst bei sich selbst.

Wenn man sich erst einmal davon befreit hat, was andere über einen denken, dann ist man schon viel freier. Ich denke, das habe ich zumindest in der Politik gelernt. An erster Stelle ist die Person wichtig der man jedem morgen im Spiegel begegnet, der muss man in die Augen sehen können. Absolute Freiheit hieße allerdings auch, dass einem nichts mehr etwas bedeutet. Dazu bedeutet mir einfach zu viel etwas.

Freier Wille ist halt nicht immer der einfachste Weg aber man kann in Frieden mit sich selbst leben, wenn die Entscheidungen gut getroffen sind. Und das ist mehr Wert als jede Bequemlichkeit. Denn diese ist ein

Feind in einem selbst, den man zwar akzeptieren, aber nicht lieben muss.

Jede Entscheidung ist so frei, wie man sich deren Grundlage bewusst ist. Es gibt Menschen, welche einfach nur zu bequem sind, sich bewusst zu entscheiden. Diese lassen den Strom des Lebens an sich vorbei fließen, wie ein Stein in einem Fluss. Langsam wird man immer mehr abgeschliffen bis nichts mehr an das ursprüngliche Selbst erinnert. Man ist angepasst abgestumpft und ein Teil der Masse. Mit bewusstem Leben und Entscheiden kann man nicht nur sich selbst, sondern auch die Umwelt ändern. Ein zwar langsamer, aber doch stetiger Prozess.

Allerdings sollte man sich stets davor hüten die Meinungen anderer unreflektiert zu übernehmen. Denn jegliches Argument, welches hervorgebracht wird, kann dazu dienen Wahrheit in Lüge zu verwandeln. Wenn etwas nicht plausibel ist, sollte man es nicht einfach Glauben, sondern andere Quellen konsultieren. Das ist ohnehin das Wichtigste für eine Entscheidung. Sich der Konsequenzen bewusst zu sein und verschiedene Informationen zu erschließen. Wenn man genau über den freien Willen und Entscheidungen nachdenkt, kann jede noch so kleine Entscheidung essenziell sein.

Ein Mann steht morgens vor der Entscheidung, so wie er ist zum Bus zu gehen oder sich erst noch zu rasieren und dann erst loszugehen. Rasiert er sich erst, verpasst er den frühen Bus. In diesem Bus hätte die richtige Frau fürs Leben gesessen. Wegen fünf Minuten hat sein Leben sich komplett geändert. Er wird nun keine Kinder mit dieser Frau haben. Keine Ur-Ur-Enkel, die vielleicht eines Tages die Welt ändern. Wobei er natürlich auch gar nicht an Frauen interessiert sein könnte, was aber weniger Entscheidung, als genetische Prägung ist. Jede Entscheidung ist jedenfalls ein Ausdruck des freien Willens. (Wer den Gedanken vertiefen will, sei die im Anhang angefügte Kurzgeschichte 'Lichtjahre' empfohlen)

Der Pfad der Entscheidung verläuft sehr unterschiedlich. Es gibt im Leben überall MUSS, SOLL, KANN. Die Zwänge des Lebens lauern jeden Tag und bei jeder Entscheidung, die man trifft. Man hat aber immer die Freiheit zu entscheiden, selbst die, nicht zu entscheiden und die Dinge einfach auf sich zukommen zu lassen. Der Weg zur Freiheit geht mit Selbstdisziplin einher. So paradox es auch klingen mag, die Disziplin gibt einem den Rahmen, der es ermöglicht, alles zu erreichen, was man möchte.

Entscheidungsfreiheit hat auch immer Konsequenzen. Diese äußert sich in den Pfaden der Möglichkeit, die nach aktueller wissenschaftlichen Hypothesen auch in unterschiedlichen Realitäten münden könnten.

Alles was möglich ist, existiert auch.
(Baruch de Spinoza)

In dem einem Universum bzw. Realität passiert der eine Pfad, in einem anderem, mag der andere beschritten werden und so können fünf Minuten, ein Augenblick oder eine andere ganz simple Entscheidung, die ganze Menschheit, sogar das Ganze was ist beeinflussen. So wird das eine Universum in der Finsternis der ewigen Expansion enden und einem anderen Universum gibt es mit Nullpunktsenergie betriebene Sterne. Künstliche Sonnen, welche auf ewig leuchten werden. Nichts was denkbar ist, ist unmöglich. Ebenso denkbar wäre es in fernerer Zukunft Sonnenreste zusammenzuschieben, die Umwandlung der Menschen in Energielebensformen oder gar in andere Universen überzusiedeln. Der Fantasie ist keine Grenze gesetzt und selbst die Naturgesetze lassen sich teilweise umgehen. Was heute noch gilt, kann durch Technologiesprünge von morgen, wieder ganz anders aussehen.

Wenn es unser Wille ist, wird das Universum endlos sein.
(Der Autor)

Die Fantasie schafft für uns einen Zugang zu diesem Multiversum. Vielleicht greifen die Autoren sogar mit Hilfe ihres Geistes auf andere Universen zu. Dieser Zugang, lässt in ihrem Inneren die Geschichten 'entstehen'. Geschichten die auch Tatsachenberichte sein könnten.

Der freie Wille führt einen häufig auch auf falsche Fährten. Besonders, wenn es um Schuldfragen geht. Zu leicht neigen Menschen dazu, sofort anderen die Schuld zu geben, weil es einfacher ist. An erster Stelle ist man allerdings selbst Schuld und dort sollte man zuerst suchen. Was man selbst hätte anders machen können. Es ist selbstverständlich nicht immer einfach, klaren Kopf zu bewahren, wenn einem andere Vorwürfe machen. Trotzdem sollte man versuchen, immer eine kritische Selbstanalyse durchzuführen und in der Diskussion sachlich zu bleiben. Dies soll jetzt nicht auf Selbstzweifel hinaus führen, sondern nur die Frage beantworten, was man selbst hätte besser machen können. So kann man nicht nur sich selbst verbessern, sondern lernt auch mit Fehlern besser umgehen. Denn erst wenn bei einem alle Mängel behoben oder keine vorhanden sind, sollte man anderen die Schuld für etwas geben.

Wobei es meisten so sein dürfte, dass mehr als eine Person 'schuld' hat. Dies liegt daran, wenn zwei sehr konträrer oder auch sehr ähnliche Personen aneinandergeraten. Das führt dann immer wieder zu Verwerfungen. Hier hilft es mal, ein wenig zu versuchen, sich klarzumachen, warum eine Person so ist, wie sie ist. Sich in diese ein wenig hineinzuversetzen. Nicht jeder macht etwas mit einer bösen Absicht, auch wenn ein anderer dies vielleicht erst einmal unterstellen mag. Manches ist aus der Sicht des einen einfach notwendig, während der andere dies sofort negativ auslegt.

Insgesamt ist jedenfalls wichtig, sich immer wieder der Eigenen, aber auch der Motivation der anderen klar zu werden. Daraus kann Verständnis erwachsen, denn der eigene Standpunkt muss nicht unbedingt, der Optimale sein.

Es reicht nicht allein zu hören, was ein Mensch sagt. Es ist auch wichtig, zu wissen, welche Motive dahinter stecken.
(Der Autor)

Der Umgang mit Angst

Wenn man über menschliches Verhalten nachdenkt, wird einem klar, wie viel des menschlichen Verhaltens durch Ängste motiviert wird. Es gibt natürlich Menschen, die sind ängstlich und andere wiederum weniger. Das ist nichts, wofür man sich schämen müsste. Ängste sind eine Art Warnsystem. Sie sollen uns vor Schäden schützen. Es ist aber wichtig, dass man sich nicht von seinen Ängsten beherrschen lässt, sondern die Warnungen durch Angst aktiv und bewusst nutzt. Angst ist auch bei Tieren vorhanden. Diese sind ihren Ängsten hilfloser ausgeliefert. Der Mensch kann seine Angst dagegen versuchen zu verstehen und aus ihnen Kraft zu ziehen. Die alte Weisheit 'Gefahr erkannt, Gefahr gebannt' trifft auch auf Ängste zu. Ängste werde sowohl von manchen Gruppierungen, wie auch von Medien immer wieder im eigenen Interesse genutzt. So erscheint einem durch eine Zeitung die Welt schlechter, als sie ist, weil diese Zeitung zur Verkaufsförderung viel über Mord und Totschlag berichtet.

Mit Ausnahme von Psychopathen und Personen von akuter Dummheit, hat jeder Ängste. Angst vor den unterschiedlichsten Dingen und Situationen. Auch mit Erfahrung verschwindet die Angst meist nicht einfach so von selbst. Man muss sich aktiv mit ihr auseinandersetzen, ansonsten baut die Angst Gefängnisse.

Viele Eigenarten des Menschen hängen mit Ängsten zusammen. Es gibt zum Beispiel kaum jemanden, der Dunkelheit wirklich mag oder liebt. Aber es ist nicht die Dunkelheit an sich, die jemandem Angst macht, sondern die möglichen Bedrohungen, welche sich darin verbergen könnten. Unabhängig davon, ob diese Bedrohung der Fantasie oder der Erfahrung entspringen muss man sich mit ihnen auseinandersetzen. Seien es nun wilde Tiere, die früher eine Bedrohung in der Dunkelheit waren oder Primitivlinge und Kriminelle, die zum Beispiel auch heute noch eine Bedrohung bei Nacht sind.

Bleiben wir bei der Angst vor der Dunkelheit. Was kann man machen, wenn man Angst vor der Dunkelheit hat? Man muss zur Dunkelheit werden. Die Dunkelheit spüren und mit jeder Faser verinnerlichen. Erst wenn man versteht, was Dunkelheit ist und warum man davor Angst hat, kann man sich ihr stellen. Man muss natürlich nicht alle Schritte auf einmal machen. Man wappnet sich den Gefahren, die einem drohen könnten. Man stellt sich immer mehr der Dunkelheit, bis nichts mehr von der Angst bleibt. Eine Angst zu besiegen kostet Kraft, aber gibt im Gegenzug einen Zuwachs an innerer Stärke, der nicht zu verachten ist.

Wichtig ist auf jeden Fall nicht vor seiner Angst wegzurennen. Feigheit ist es nämlich nicht keine Angst zu haben, sondern vor der Angst wegzurennen. Man darf nicht immer nur wegrennen, sondern muss seine Angst auch überwinden.

Sich Situationen stellen, auch wenn sie Angst machen, ist Mut und gibt einem innere Kraft, wie sie mit kaum etwas zu vergleichen ist. Es geht nicht darum abzustumpfen, sondern die Angst aktiv als Teil des Ichs zu verstehen und zu nutzen.

Wer sich seinen Ängsten stellt, sieht die Welt schnell mit anderen Augen und erkennt, dass viele andere auch nur Angst haben. Warum treten manche Jugendliche zum Beispiel in Gruppen auf. Weil sie als Gruppe nicht so viel Angst spüren. Sie geben sich als Gruppe gegenseitig Mut bzw. Stärke. Keiner von ihnen stellt sich aber wirklich der Angst. Es ist vielmehr, so dass sie vor einer

Angst wegrennen. Damit unter Umständen sogar ins Verderben.

Man merke sich, wer einmal beschreitet den Weg der Angst, wird wohl ewig rennen. Jemand der vor Ängsten wegrennt, dürfte zugleich anfälliger für Substanzen oder Aktivitäten sein, die den Geist zerstreuen. Man muss sich so seinen Ängsten nicht stellen, zerstört sich dabei aber gleichzeitig.

Besonders bei Gruppen sollte man bedenken, dass diese auch, wie ein Rudel wilder Tiere sein könnte. Man muss wissen, wie man sich zu verhalten hat. Dazu gehören unter anderem keine Unterwürfigkeitsgesten, es wird vielleicht nicht bewusst wahrgenommen, aber doch gewinnt die Gruppe den Eindruck, man sei schwach. Wer glaubt, der Mensch habe sich in dieser Hinsicht schon weit über seine evolutionäre Herkunft entwickelt, täuscht. Noch immer gilt das Überleben des besser angepassten Individuums. Wobei man hier ein Wandeln von Körperkraft zu Geisteskraft erlebt, denn aber auch so manche zu zerstören versuchen. Häufiger jene, welche nicht mit Geisteskraft gesegnet sind. In dem Zusammenhang können wir froh sein, dass Gesetze das Zusammenleben in geordnetere Bahnen lenken.

Seiner Angst jedenfalls kann man sich nur alleine Stellen. Die Gedanken im eigenen Kopf sind immer allein, denn Sprache vermittelt nur einen Bruchteil von ihnen.

Stellen kann man sich Ängsten u.a. auch in Ritualen, bei denen man sich selbst geistig oder körperlich überwinden muss. Angst lähmt und verhindert, dass man sein volles Potential entfaltet, wenn man vor ihr wegrennt. Man kann zwar verlieren, aber wenn man sich alle Möglichkeiten vorstellt, könnte einem ständig etwas passieren. Sogar der Himmel könnte einem auf den Kopf fallen. Aber wie wahrscheinlich ist es, dass dies gerade einem selbst passiert? Es ist meist nicht sonderlich wahrscheinlich, deswegen ist auch wichtig sich mit den Ängsten intensiv auseinanderzusetzen. Mehr Informationen über eine Angst bzw. das Angstgebiet nehmen die Angst oder verringern diese zumindest. Wissen ist Macht im Kampf gegen Ängste.

Ängste können, wie gesagt, lähmen aber sie müssen es nicht. Im Umgang mit der Angst erkennt man die Möglichkeiten, etwas gegen die Angst zu unternehmen. Auch aus Angst vor Eindringlingen und Kälte entstanden Wände und Behausungen für uns. Viele Entwicklungen können ihren Ursprung in der Überwindung von Angst haben. Man setzt sich immer Risiken aus aber man kann diese durch Klugheit minimieren.

Nicht ohne Grund heißt es, nur wer sich Selbst überwindet, kann auch andere überwinden. Dazu muss man zu sich Selbst stehen. Sich Selbst zu verleugnen heißt, dass man Angst vor seinem wahren Selbst hat.

Die Ängste eines Menschen sagen viel über den Menschen aus. Natürlich wir kaum ein Mensch alle seine Ängste offen zeigen. Einige kann man aber doch sehr offen sehen. Ein Beispiel dafür ist die weit verbreitete Angst sein Gesicht zu verlieren. Von einigen auch als Ehre fehlverstanden. Eine derartige Demütigung ist nur da möglich, wo auch Angst ist und diese ist weit verbreitet. Deswegen fällt es vielen Menschen auch so schwer Fehler zuzugeben. Sie haben Angst als unfähig dazustehen. Besonders schwer fällt es höherrangigen Personen. Deshalb werden Menschen, die sich und anderen die eigenen Fehler eingestehen können, auch mehr geachtet. So würde ein z.B. Politiker, der einen Fehler macht, diese aber offen eingesteht, sogar an Achtung gewinnen, während jener, der seine Verfehlungen vertuschen will, es sehr schwer haben wird. Diese Personen haben Angst vor möglichen negativen Auswirkungen. Dabei kommen diese negativen Auswirkungen auf jeden Fall. Irgendwann kommt es heraus. Man sollte deshalb keine Angst davor haben mal einen Fehler zu machen. Man muss aber aus dem Fehler lernen und es beim nächsten Mal besser machen. Eine Angst in eine Möglichkeit zu wandeln hilft beim Überwinden.

Wie gesagt, wer seine Ängste besiegt, findet wahre Macht, denn er hat seinen größten Feind bezwungen. Sich Selbst.

Berühmte Angsthasen haben es vielleicht gerade wegen ihrer Ängste oder dem Überwinden selbiger zu etwas gebracht. Sich aus dem 'Versteck' hervorzuwagen und die Dinge anzufassen. Die Angst vor Prüfungen hält einem zum Lernen an und man bekommt bessere Noten. Die Angst vor dem Versagen lässt einem die Dinge besser durchdenken. Es kommen bessere Ergebnisse heraus. Nicht, weil man vor der Angst wegrennt, sondern weil man die Angst analysiert und weiß, wie man ihr entgegentreten kann. Durch gute Vorbereitung und Ausweichpläne. Wegzurennen hieße es den Pfaden der Angst komplett auszuweichen und immer den sicheren Weg zu gehen. Sich der Prüfung gar nicht erst zu stellen. Aus dem sicheren Weg folgt allerdings niemals Größe. Dabei führt der Weg zu Größe immer nur darüber sich Selbst zu besiegen. Denn dieser Gegner ist stets der schwerste. Egal, in welcher Form man diesem auch immer begegnet.

Namen wie Charles Darwin, Steven Spielberg oder Bill Gates sind nur einige Beispiele für berühmte Angsthasen. Die Angst trieb sie an, mehr zu tun und das schafften sie auch. Angst ist ein ständiger Begleiter und das ist auch gut so, denn die Angst hilft und motiviert uns. Man kann sie also auch als 'Freund' betrachten.

Besonders kreative und leidenschaftliche Menschen leiden mehr unter Ängsten. Mit viel Fantasie und Vorstellungsvermögen gehen auch viele Ängste einher. Das liegt daran, dass sich ihr Verstand mehr Möglichkeiten vorstellen kann. Überwindet man diese Blockade der Angst, kann die Kreativität frei fließen und zu Großem führen. Das ist alles eine Frage des Umgangs mit der Angst. Man muss sich klar darüber sein, dass man das ist, was man ist, wenn man aber den Ursprung der Angst findet, wachsen kann.

Der Angst vor dem Unbekannten oder auch der Angst vor der Zukunft ist schwer zu begegnen. Man kann sich durch verschiedene Maßnahmen und Überlegungen wappnen aber wirklich reagieren kann man erst, wenn man den Zeitpunkt, des Eintretens, eines gefürchteten Problems, erreicht hat. Wobei sich der Prüfung zu stellen, häufig schon fast das Ziel ist. Das Reststück ist dann gar nicht mehr so groß.

Natürlich gibt es keine Patentrezepte, die bei jedem funktionieren. Man muss seinen eigenen Weg im Kampf gegen die Angst finden. Ein Kampf mit vielen Facetten. Mut kommt dabei nicht über Nacht. Man muss dafür Stück für Stück die Ängste besiegen, indem man sich ihnen stellt.

Zum Beispiel kann folgendes Mantra helfen seinen Geist gegen die Furcht zu wappnen.

Ich werde nicht fürchten.
Furcht tötet mich Stück für Stück.
Schränkt mich immer weiter ein.
Der einzige Weg ist, mich der Furcht stellen.
Ich lasse die Furcht zu einem Teil von mir werden.
Denn, was ein Teil von mir ist, kann mir nichts tun.
In meinem Inneren werde ich die Furcht besiegen.

Mit jeder ihr Nachfolgenden werde ich es gleich tun.
Unter der Furcht werde ich mein wahres Ich freilegen.
(frei nach Frank Herbert)

Der Verstand überwindet die Angst und macht einen frei, selbst, wenn das Herz furchtsam zuckt. Das ist die Lehre aus dem vorhergehenden Mantra.

Ängste zu verlieren oder deren Einfluss auf die eigene Psyche zu mindern macht frei. Es kommen natürlich immer neue Ängste, aber das ist nicht so schlimm, wenn man sich mit ihnen auseinandersetzt.

Man macht die Erfahrung, dass man jede Angst überwinden kann, indem man sich mit ihr intensiv auseinandersetzt. Intelligenz ist auch die Fähigkeit mit seinen Ängsten umzugehen.

Nicht jede Angst ist grundlos. Man muss auch lernen zu bewerten, ob es nur eine rein psychische Angst ist oder etwas wirklich den Körper bedrohen kann. Gegen die Angst muss man sich dann durch Informationen wappnen und sich ihr stellen. Das heißt, jetzt also nicht, dass man dumm handeln sollte, in vermeintlicher Furchtlosigkeit.

Wie gesagt, stellt man sich seinen Ängsten nicht, wird man mit jeder Angst schneller 'rennen'. Man 'rennt', solange bis einem die Puste ausgeht und das nicht nur im übertragenden Sinne. Schließlich sind insbesondere Ängste sehr gut in der Verfolgung. Genauso negativ ist es, die Angst zu unterdrücken. Also nicht wegzurennen, sondern alle Ängste einzusperren. Sperrt man die Ängste weg, verschwinden sie nicht. Irgendwann werde sie sich befreien und unter Umständen stärker zuschlagen als zuvor.

Man könnte auch sagen, dass die Angst ein Geschwür ist, welches kleiner wird, desto mehr man sich damit auseinandersetzt. Weglaufen dagegen lässt es wachsen.

Interessant ist bei Angst und Sicherheit, dass je sicherer die Menschen leben, desto größer wird ihr Bedarf an Sicherheit. Dies ergibt sich aus der Angst vor dem Unbekannten. Je gefährlicher aber die Umgebung ist, desto besser lernt man, mit Gefahren und Ängsten umzugehen.

Als Beispiel nehme man die Angst vor Schlangen. Wer nie in einer Umgebung mit Schlangen gelebt hat, lernt auch nie mit Schlangen umzugehen und dieses fehlende Wissen bzw. fehlende Erfahrung schlägt sich dann leicht in Angst nieder. Bei Personen, die in einer Umgebung mit Schlangen leben, erlebt man seltener Angst vor diesen Tieren.

Die Angst vor der Wahrheit, nennt man Lüge und ist Teil der schon erwähnten Angst das Gesicht zu verlieren. Das Lügen kann, bedingt durch die Angst aufzufliegen, auch zu körperlichen Erkrankungen führen. Zum Beispiel Magengeschwüren. Zumal es ziemlich stressig ist, wenn man immer alles behalten muss, was man erstunken und erlogen hat. Denn ständig kann man sich die Blöße geben, dass man erwischt wird bei einer Lüge.

Die Angst vor Möglichkeiten, die sich aus einer Handlung ergeben können führen zu Entscheidungsschwierigkeiten.

Eine Lüge ist aber auch die Angst, vor der Reaktion des Gegenübers, wenn man diesem die Wahrheit erzählte. Sei es nun Eskalation oder Verletzung des Gegenübers. So kommt es auch immer wieder zu Notlügen, die am Ende aber ebenfalls ein schlimmes Ende nehmen können, denn Notlügen können zu Entfremdung führen. Wenn man zum Beispiel eine wenig schmackhafte Speise sehr lobt, dann könnte sie einem immer wieder serviert werden, obwohl man das am wenigsten will. Ehrlichkeit von vornherein hätte dagegen nicht zu so einer Situation geführt. Aus solchen Notlügen können durchaus Streitigkeiten entstehen. Nicht minder schlimm kann es sein, einen falschen Eindruck zu erwecken. Auch hier steigt das Konfliktpotential mitunter enorm an.

Ehrlichkeit ist anstrengend, aber sie verhindert auch viele Probleme, welche noch anstrengender wären.
(Der Autor)

Ich habe auch Angst, bin mir aber meiner Ängste bewusst und bekämpfe sie. Stück für Stück stelle ich mich den Ängsten, eine nach der anderen. Ich kann es nur schlecht in Worte fassen, versuche es aber in diesem Buch. Um es etwas simpler auszudrücken, hat man Angst vorm Autofahren, muss man Autofahren. Weglaufen bringt nichts. Ich hatte zum Beispiel früher Angst vor Vorträgen und mache es auch immer noch nicht gerne, aber inzwischen setze ich mich bewusst und absichtlich solchen Situationen, aus um die Angst abzubauen. Man könnte es als Abstumpfen bezeichnen. Das ist aber nicht der Fall. Jedenfalls nicht bei allen Ängsten. Teilweise ist es eine Transformation. Aus dem Feind Angst macht man einen Freund und vielleicht sogar die Liebe etwas zu entdecken. Nie etwas auszuprobieren, weil man versagen könnte, ist Angst, aber Dinge zu probieren zu versagen und sich etwas anderem zuzuwenden nicht. Es hilft natürlich auch bei vielen Ängsten, wenn einem klar wird, dass kein Grund besteht. Letztendlich schränkt einen alles, was Angst macht, ein und das ist nicht gut.

Selbst Situationen können ängstigen bzw. bedrohlich wirken. Sei es nun behinderte Personen, bei denen man öfters nicht weiß, wie man sich richtig verhalten soll oder eine sexuelle Abweichung von dem, was man gewohnt ist. Es ist erstaunlich, wie oft Abweichungen von realen oder fiktiven Normen, zu Angst und letztendlich zu Hass führen. Der Hass gegenüber Minderheiten resultiert aber vielfach nur aus den eigenen Ängsten und den Unzulänglichkeiten. Egal welche Gruppierung, es bedarf ständiger Aufklärung. Deswegen verstehe ich mittlerweile auch die Genderung, wobei ich die Sprachungetüme trotzdem unschön finde und diese zudem auch diskriminierend gegenüber allen sind, die nicht unter das Schema Männlich/Weiblich fallen.

Die diffuse Angst vor dem Bösen alias Satan in der Vergangenheit hat sich heutzutage in Ängsten vor Terroristen gewandelt. Die Grundlage ist dieselbe, nur die äußere Form hat sich gewandelt. Man versucht, sich gegen das diffuse Objekt der Angst zu wappnen, wird es aber nicht schaffen. Die Maßnahmen dienen häufig nur der Bewältigung von Ängsten, sind aber keineswegs sinnvoll oder hilfreich. Auch hier hilft nur zu versuchen die Motive zu verstehen. Sich seinen Ängsten zu stellen setzt unglaubliche Kräfte in sich selbst frei. Man muss sich seinen Ängsten hierzu natürlich erst einmal bewusst werden und mögliche Konsequenzen zu akzeptieren lernen. Erst dann ist man frei, weil man wirklich die Freiheit zu entscheiden hat. Bar jeder Angst.

Etwas anderes ist Hass, der Hass geht aus der Angst hervor. Angst davor, unbedeutend zu sein. Angst davor, die Macht zu verlieren. Angst vor dem was anders ist. Findet die Sozialisierung in einem bestimmten Umfeld statt, so nimmt man dieses auch als Normalität wahr, selbst wenn es nur ein kleiner Ausschnitt der Wirklichkeit ist.

Manche instrumentalisieren sich Ängste und Hass. Aber auch nur, um die eigene Macht zu sichern. Es kann sogar vorkommen, dass Ängste in Menschen geweckt werden, um Hass und Verunsicherung zu schüren. Überall auf der Welt erkennt man diese Muster. Und das auch nicht erst seit heute.

Hass ist die Rache des Feiglings dafür, dass er eingeschüchtert ist.
(George Bernard Shaw)

Eng verwoben mit dem Hass ist die Rache, welche aus der Unfähigkeit entsteht adäquat mit einer Situation umzugehen. Man vergeht sich lieber in kindischen Rachefantasien, anstelle die Probleme anzugehen und sich lieber mit sinnvolleren Dingen zu beschäftigen. Rache ist absurde Zeitverschwendung. Da ist es noch produktiver, wenn man seinen Ärger kreativ auslebt. Wenn mich etwas aufgeregt hat, denn gehe ich die Sache entweder aktiv an, hake sie ab oder verarbeite sie in einer Kurzgeschichte. So gesehen ist auch Schreiben eine Form von Therapie, womit man etwas verarbeiten kann.

Zudem sind Probleme eine Gelegenheit zu neuen und innovativen Lösungen, die nicht nur einem selbst helfen, sondern allen Menschen.

Angst vor dem Tod bzw. der Vergänglichkeit

Das Tod wird zu uns allen kommen. Schleichend und kriechend. Mal sieht man es näher kommen und mal geschieht es ganz plötzlich. Nur eins ist sicher: 'Die Endlichkeit der eigenen Existenz'. Mit der Geburt beginnt die Existenz. Mit dem Tod endet sie. Was zählt, ist was man aus der Zeit dazwischen macht.

Die Fiktion es gäbe etwas danach, ist pure Hoffnung, dass die Existenz nicht endet. Greift man diesen Umstand an, so wehren sich die Hoffenden, schließlich greift man deren Hoffnung an. Dies ändert aber nichts daran, dass es eben höchstwahrscheinlich nur eine schale Hoffnung ist. Wer also sich selbst oder andere richtet für die fiktive Hoffnung auf ein danach, schmeißt Leben weg.

100 % aller Leben enden tödlich.
(Der Autor)

Gerade die Vergänglichkeit der Existenz macht es so wichtig, dass man das Meiste aus dem Leben herausholt. Nicht die Ängste in den Vordergrund stellt, sondern die Möglichkeiten. Wer diese nutzt, wird länger Leben, als jene Personen, die sich in Ängsten suhlen.

Ich befürchte jedenfalls, ich werde meinen Tod nicht überleben. Aber dies wird wohl auch kein anderer. Fest steht: Niemand kann seinen Tod in biologischer Form überleben. Alle Menschen sterben, der einzige Unterschied ist, wie man sein Leben bis dahin verbracht hat. Was man erreicht hat und ob es Spuren im Sand der Zeit gibt, die nicht so schnell verwehen. Vielleicht erklärt dies sogar, warum so viele im Netz die privatesten

Dinge aus ihrem Leben enthüllen. Der Versuch eine Spur zu hinterlassen. Ein sichtbarer Tropfen im Meer der Ewigkeit. Um so bedauerlicher ist es, dass die meisten Menschen keinen Flecken auf der Landkarte des Lebens hinterlassen werden. Einige wenige werden sich vielleicht erinnern aber die breite Masse erinnert sich, wenn überhaupt nur an jene, die wirklich herausragendes geschafft haben.

Die Angst vor dem Tod ist nahezu ein Urtrieb, der so ziemlich alle anderen Ängste zu begründen scheint. Das Streben nach einem Paradies im Nachleben scheint für viele ein Weg zu sein, die Angst vor dem Tod zu meistern. Dabei dürfte es eher eine Flucht in eine angenehme Fiktion sein. Garantien gibt es keine. Weder für eine bestimmte Anzahl von Jungfrauen, welcher Gattung auch immer, noch sonstige Sicherheiten. Niemand hat jemals darüber berichtet, was auf einen wartet, wohl auch nicht ohne Grund. In einem Lied, welches sich mit dem Tod beschäftigt ist die Rede davon, dass höchstwahrscheinlich nichts von einem übrig bleibt.

Mit dem Ende des Lebens vergeht alles in einem. Diese Finsternis ist unvorstellbar. Nicht mehr aufzuwachen. Nicht mehr zu existieren. Nicht mehr zu sein. Aber es trifft alle. Die Einzigen, welche überleben, sind jene, von denen die Religion ausgeht. Also nicht als Person, sondern als eine Art Abbild der Person.

Man kann natürlich in Teilen auch durch eine Organspende für einige Zeit fortleben. Dies lässt sich auch als ein partielles Leben über den Tod hinaus ansehen. Aber selbst das ist natürlich vergänglich, mit der Person, welche das Organ erhielt.

'Und er fragte sich, warum glaube ich?' Die uralte Frage nach einem Leben nach dem Tod entstand aus dem Unvorstellbaren. Niemand kann sich vorstellen, wie

Tod ist. Genauso wenig kann man sich die Unendlichkeit wahrhaftig vorstellen, wobei das schon einfacher ist, als die eigene Endlichkeit. Diese Unfähigkeit der Verstellung des Todes führte zuerst zu Spekulationen, dann zu Überzeugungen und letztendlich zu Religionen, als ein Mittel das Unvorstellbare vorstellbar zu machen. Daneben dienen Religionen auch dazu die Angst vor dem Tode zu nehmen. Wobei einen dies in falscher Sicherheit wiegt, aber das böse Erwachen gibt es wohl nicht. Denn, wenn man nicht mehr ist, bedeutet so etwas natürlich auch nichts.

Das Versprechen eines Paradieses hilft, die Angst vor dem Tod zu meistern. Genauso geht es mit dem Kreislauf des Lebens, welcher Wiedergeburt suggeriert. Es besteht natürlich die Möglichkeit, dass etwas Wahres daran ist. Das kann man keinesfalls ganz ausschließen, es ist aber im Sinne reiner Logik äußerst unwahrscheinlich. Allein schon, weil schließlich nicht alle Religionen recht haben können. Dazu kommt noch, was mit jenen Religionen ist, die inzwischen aus der Mode gekommen sind. Sie alle versprachen, ein etwas anderes 'Leben' nach dem Tod. Und sei es eines in ewigen Qualen.

Wenn ich die Wahl habe zwischen dem Nichts und dem Schmerz, dann wähle ich den Schmerz.
(William Faulkner)

So wahrhaftig endgültig wurde und wird die Finsternis des Todes gefürchtet, dass viele sich in geistiger Zerstreuung ergehen. Eine Flucht, teilweise vor der Wirklichkeit. Manchmal sogar in Drogen und Ähnlichem. Ob es ihnen direkt bewusst ist, dass der Tod droht, dürfte unerheblich sein. Es ist ein Selbstmord auf Raten, welche das unvermeidlich nur mehr oder weniger stark beschleunigt.

Wenn ich mir das Verhalten mancher Länder anschaue, haben wir Amokpiloten, welche u.U. die gesamte Menschheit wegen ihrer Eitelkeiten abstürzen lassen. Dabei ist diese Selbstgefälligkeit so belanglos. In wenigen Jahrzehnten interessiert das alles niemanden mehr. In ein paar Jahrhunderten erinnert sich so gut wie niemand auch nur daran und in ein paar Jahrmillionen, weiß es wohl keiner mehr, wenn die Menschheit überhaupt noch existiert. Diese kleinlichen Geplänkel sind unverständlich. Geht es doch nur um das persönliche Ansehen, was nebensächlich ist. Zudem ist die Erde nur ein kleiner Ball in der Unendlichkeit des Universums. Viel zu oft nehmen sich die Menschen viel zu wichtig, obwohl sie es nicht im geringsten sind. Zumindest nicht aus kosmischer Perspektive.

Natürlich ist es einfacher, nicht über das eigene Ende nachzudenken, aber nicht über die Möglichkeit des Endes nachzudenken, hieße davor mit Höchstgeschwindigkeit wegzurennen. Man verdrängt die Furcht und viele realisieren diese Furcht erst am Ende. Versuchen noch schnell der Welt einen Stempel aufzudrücken. Letztendlich kam ich zu der Überzeugung, dass jeder Augenblick wertvoll ist und keiner verschwendet werden darf. Natürlich sollte man sich Vergnügen und entspannen. Keine Frage, das ist wichtig und verlängert sogar das Leben. Allerdings ist es wichtig, etwas im Leben zu schaffen. Wer den ganzen Tag nur vor sich hindämmert, wird nie etwas schaffen oder erreichen. Natürlich gibt es Ausnahmen, wo der Zufall geholfen hat, aber in den meisten Fällen ist Erfolg und das Hinterlassen von Spuren nur möglich, wenn man harte Arbeit rein steckt.

Ich kenne keinen sicheren Weg zum Erfolg, aber einen sicheren Weg zum Misserfolg: es allen Recht machen zu wollen.
Platon

Viele suchen Ruhm, aber nur weniger finden ihn. Dies sieht man immer wieder an Fans, die lieber anderen folgen, als selbst nach größerem zu Streben. Getrieben von der Hoffnung, dass die Berührung des Idols ein kleines Stückchen der Unsterblichkeit abrubbelt, wobei auch hier viele Berühmtheiten nur allzu vergänglich sind. Selbst die größten Lebenswerke sind vergänglich.

Was bringt einem die Bekanntschaft berühmter Personen? Im Endeffekt nichts, denn Ruhm färbt nicht ab.
(Der Autor)

Ich vermute, dass das Geld eigentlich nur Nebensache ist, sondern die Unsterblichkeit, das eigentliche Ziel vieler Bemühungen ist. Auch Macht ist nicht nur berauschend, sondern suggeriert einem Unsterblichkeit, aber auch hier bleiben nur jene, die wirklich etwas schaffen und nicht jene, die sich nur bereichern. Die meisten denken ja ohnehin nur in kurzen Zeiträumen und lassen dabei die langfristige Perspektive vollkommen außen vor.

Die Feder ist deswegen mächtiger als das Schwert, weil sie dauerhafteres schafft als Tod und Zerstörung.
(Der Autor)

Möglicherweise wird auch das Universum eines Tages sterben, aber bis zum Ende des Universums möchte man etwas hinterlassen. In Form von Nachkommen oder durch Taten und Zeugnisse. Cheops ist quasi unsterblich geworden durch seine Pyramide. Sein Name war viele Jahrhunderte vergessen und trotzdem kennen ihn, dem Namen nach, noch heute viel auf der Welt. Auch Einstein ist unvergesslich, genauso wie DaVinci und viele andere. Sie alle taten etwas, dass sie relativ unsterblich machte. Oder zumindest dafür sorgte, dass sie in Erinnerungen und Geschriebenem, bis heute überleben.

Wer erinnert sich heute noch einen Bauern, der vor tausend Jahren sein Feld bestellte. Er war nicht unwichtig und trotzdem lebt er höchsten noch in den Bruchstücken von Genen seiner Nachkommen weiter. Erinnern wird sich wohl keiner mehr.

Wie gesagt: Alle Menschen sterben. Deswegen sind zum Beispiel Selbstmordattentäter für mich die letzten Deppen. Sie hoffen auf eine Belohnung und am Ende wartet das 'Nichts' auf sie. Keine Frage, ich wäre angenehm überrascht, wenn es ein 'Leben' nach dem Tod geben würde, aber als Realist rechne ich nicht damit. Wobei Selbstmord nicht nur aufgeben ist, sondern auch einfach das Leben wegwerfen. Einige sehen das vielleicht als edles Opfer, aber die meisten Sachen sind es nicht wert, dass Leben dafür zu opfern. Wobei das natürlich jeder erst einmal selbst entscheiden muss.

Ist der Fakt, dass wir alle eines Tages sterben müssen, Grund genug kampflos aufzugeben?
(Der Autor)

Das Leben ist wertvoll, deswegen sollte man auch nicht die Zeit damit verbringen vor dem Tod davonlaufen. Er ist schnell und holt einen teilweise eher ein, als man möchte. Auch die äußeren Anzeichen für den Verfall zu mindern hilft nicht den Tod von einem fernzuhalten. Vielleicht versuchen die Leute jugendlich zu wirken, um nicht den eigenen, langsamen Tod im Spiegel erblicken zu müssen. Alt und Weise oder Jung und Dynamisch. Das alles ist unerheblich, denn beides hat seinen Reiz und seine Zeit. Schade, dass man nicht die Jugend noch einmal mit dem Wissen des Alters erleben kann. Das hätte schon seinen Reiz.

Viel Sinnvoller als sich vor dem Tod zu fürchten, ist es das Zusammenleben zwischen den Menschen, der Natur und allem was da ist, auf einen Stand zu bringen, der allen dienlich ist. So kommt man einem Paradies deutlich näher, als mit jedem Glauben. Und ob man es nun Utopia oder Paradies nennt, macht letztendlich doch keinen Unterschied. Man kann noch soviel Glauben und Hoffen, das ändert nichts an den Tatsachen. Auch DaVinci hatte schon die Erkenntnis, dass ein bedeutsames Leben der beste Weg zu Unsterblichkeit ist. Und so sah er, dass einem gut verbrachten Leben, ein heiterer Tod folgen würde. Er sagte es natürlich nicht so direkt. Wobei ein Zitat von ihm schon deutlich in die Richtung deutet, dass viele nichts aus ihrem Leben oder zumindest weniger machen als sie könnten.

Zahlreich sind jene, die sich als einfache Kanäle für die Nahrung, Erzeuger von Dung, Füller von Latrinen bezeichnen könnten, denn sie kennen keine andere Beschäftigung in dieser Welt. Sie befleißigen sich keiner Tugend. Von ihnen bleiben nur volle Latrinen übrig.
(Leonardo DaVinci)

Ich vermute, auch Buddha hatte vor langer Zeit eine Erkenntnis. Die Erkenntnis und Akzeptanz der Sterblichkeit bringt einem inneren Frieden, wenn man es zulässt. Was allerdings nicht einfach ist. Wenn man es allerdings schafft, das eigene Ende zu akzeptieren und aus seinem Leben das Beste aller möglichen Leben macht, kann man nur gewinnen. Deswegen ist der berufliche Erfolg für mich auch eher nebensächlich. Ich würde mein privates Glück niemals für einen derartigen Erfolg aufgeben. Mir tun die mit 'Karriere' leid, denn sie opfern mehr, als sie mit dem mehr an Geld und Macht jemals bekommen. Immer nur zu arbeiten, damit man etwas mehr Geld bekommt? Was bringt mir das, außer dem Ansehen von Personen, die einem eh nichts bedeuten müssen? Und wenn man dann mal stirbt, bleibt nichts als ein dickes Bankkonto zurück. Selbst dieses ist bald vergessen. Etwas für alle zu schaffen kann da viel nachhaltiger sein. Fantasie ist hierbei die einzige Grenze für die Schaffenskraft.

Milliarden waren vor mir und hoffentlich werden noch viele Milliarden Menschen oder Weiterentwicklungen der Menschheit kommen. Ich hoffe eines Tages nicht mehr nur auf dieser kleinen unbedeutenden Welt am Rande einer Milchstraße in einem scheinbar unendlichen Universum.

Die Angst vor dem Tod erstreckt sich auch auf den Tod anderer, denn deren Tod erinnert an die eigene Sterblichkeit und zugleich an die Angst vor dem Verlust einer geliebten Person. Man kann diesen Zustand der Furcht nur überwinden, wenn man die eigene Sterblichkeit anerkennt. Verliert man die Angst vor der eigenen Nichtexistenz (Thanatophobie) wird man mächtig. Macht man dies nicht, ist es ein fortwährender Schrecken. In diesem Fall stirbt die Hoffnung zuletzt, und zwar in dem Augenblick, in dem die Finsternis einen verschluckt. Religion könnte hier auch als Valium für die Menschheit betrachtet werden, um die schreckliche

Wahrheit nicht erkennen zu müssen. Eine Form der Selbsttäuschung.

Die Menschen werden mit einer Anfälligkeit vor der beständigsten und schwächendsten Krankheit des Intellekts geboren: der Selbsttäuschung. Die beste aller möglichen Welten bezieht daraus ebenso ihre Färbung wie die schlechteste. Soweit man es hat berechnen können, gibt es keine natürliche Immunität.
Konstante Wachsamkeit ist erforderlich.
(Frank Herbert)

Wenn man sich die eigene Vergänglichkeit bewusst macht, so ist erst einmal ziemlich schmerzhaft. Alles, was man geschaffen hat und eventuell noch schaffen wird, ist vergänglich. Egal welches Material man auch verwendet. Irgendwann hört dieses auf, in der geschaffenen Form zu existieren. Alles ist vergänglich. Egal wie tief die Spuren, welche man hinterließ, auch waren. Nach Jahren, Jahrhunderten oder Jahrtausenden wird sich wohl keiner mehr erinnern. Wir sind vergänglich und darüber nachzudenken, macht einem bewusst, warum ich für eine Geschichte, die sich mit dem Tod beschäftigt, den Titel wählte: 'So wertvoll Leben ist'. Diese Geschichte ist diesem Buch als Anhang beigefügt. Es geht darin auch um die Frage, ob der Tod etwas ist, was einem Vergnügen bereiten kann. Erst beim Schreiben dieser Geschichte wurde mir so richtig klar, wie wertvoll Leben wirklich ist. Und auch der Titel und Text des Liedes von Unheilig verstehe ich nun deutlich besser. Das Leben ist endlich. Es gibt kein Morgen, sondern nur das jetzt und dies ist wertvoll, weil es einem kontinuierlich zwischen Fingern zerrinnt. Also nutze die Gelegenheiten, denn sie können einmalig sein.

Wenn man dann noch einen größeren Zeithorizont wählt, wie Jahrmillionen, dann werden selbst die Spuren von Zivilisationen vergehen, besonders, wenn sich die Zivilisation eines Tages selbst auslöscht. Egal ob nun langsam oder schnell. Dann gibt es auch erst einmal niemanden mehr, der die Spuren interpretieren kann. Vielleicht schafft die Evolution eine neue Spezies, die zu höherem Denken fähig ist und vielleicht sogar mal eine Intelligente. Aber wer kann das schon abschätzen. Letztendlich neigen nicht nur einzelne Individuen zu Selbstmord, sondern auch ganze Spezies, auch wenn dies auf Raten geschieht.

Vielleicht ist dies sogar die wirkliche Offenbarung, dass ohne Friede und Miteinander, alles schneller zu Ende ist, als man möchte. Und wenn keiner sich mehr erinnert, ist man wirklich tot und vergangen.

Diese Erkenntnis könnte so vieles erklären. Angefangen bei tödlichem vermeintlichen Ruhm durch einen Amoklauf, der aber höchstens einer unter vielen ist und niemanden für lange Zeit etwas bedeuten wird. Höchstens ein paar Jahrzehnte. Bis hin zu einer Stiftung eines Milliardärs, der doch nur versucht, seine Vergänglichkeit so lange wie möglich hinauszuzögern. Wenn alles zu Ende ist, gibt es auch keine Nachwirkungen für Verfehlungen. Man sollte aber bedenken: Kriminalität führt zu schnellerem Ableben.

Ob es was nützt, wird wohl niemand erfahren, denn wir erleben immer nur einen kurzen Ausschnitt. Das Einzige, was wir können ist die Dingen aktiv anzupacken, um zumindest das Gesamte möglichst lange zu bewahren und dabei zu hoffen, dass wir darin eingeschlossen sind.

Was Holismus ist

Holistisch kommt vom griechischen Wort holos, was soviel wie 'ganz' oder 'vollständig' bedeutet. Holismus kann man also als eine Art Ganzheitslehre verstehen. Die Lehre davon, dass alles mit allem in Zusammenhang steht. Holismus ist also eine andere Art der Weltsicht. Eine mit besonders viel Weitblick. Dieser ist nur wenigen Menschen gegeben. Diejenigen welche weit über ihre Welt und eigene Existenz hinausblicken, haben ein kosmisches Bewusstsein. Eine Möglichkeit seine Umwelt und sich Selbst zu betrachten. Man betrachtet nicht mehr alles als voneinander unabhängige Einheiten, sondern als miteinander in Kontakt stehendes System. Alles steht in Zusammenhang, die meisten sehen bloß die 'Fäden' nicht, welche alles zusammenhalten. Denken nicht mit Weitblick, sondern nur für Augenblicke.

Globalisten sind Menschen mit Weitblick, Nationalisten sind Menschen mit Kurzblick.
(Der Autor)

Ist Holismus ein Glaube? Nein, Holismus ist der nächste Schritt vom Glauben, zu Wissen, zur wahren Weisheit. Dem totalen Verstehen, was eigentlich jeder anstrebt. Wenngleich dies viele eher unterbewusst tun. Beim Glauben gibt es keine Wahrheit, da diese weder messbar noch sonst wie feststellbar ist. Der Glauben verabscheut nun einmal Fakten.

Holistische Denken heißt, sich die Zusammenhänge deutlich zu machen und alles auch regelmäßig zu hinterfragen. Dazu ist natürlich ein umfangreiches Wissen notwendig und ein logisch, analytischer Verstand. Diese Art von Verstand kann sich allerdings auch in Form von

Intuition ausdrücken. Das Bauchgefühl ist häufig unbewusstes, analytisches Denken. Aber es besteht immer die Gefahr, dass man meint alles zu wissen, was aber nie der Fall sein kann. Man glaubt nur, man wüsste alles und dies ist gefährlich, wenn nicht sogar fatal. Aus dem Glauben alles zu wissen entstehen zu leicht Fehlentscheidungen. Deswegen ist es immer ratsam, vor Entscheidungen, diese noch einmal zu hinterfragen. Allerdings kann auch ein Zuviel an Wissen zu so einer Verwirrung führen, dass man quasi wie unwissend ist. Es muss halt alles auch ausgewogen und dem Intellekt angemessen sein.

Das Hinterfragen ist auch bei Gesetzen und Regelungen von Wichtigkeit. Der reine Text sagt wenig zu der Intention und wirklichen Umsetzung. Dazu sind Urteile und Anwendungen relevant. Aber selbst dann stellt sich die Frage: Wird das Gewünschte mit dem Gesetz erreicht? Etwas eigentlich positiv Gedachtes kann sich durchaus ins Gegenteil wandeln, wenn man nicht alles im Kontext betrachtet hat oder sich von destruktiven Egoismus leiten lässt, aber dazu später noch mehr.

Jede Information, sollte nicht nur hinsichtlich des Inhalts, sondern auch bzgl. des Verfassers und dessen Intention bewertet werden.
(Der Autor)

Die Verknüpfung ist überall zu erkennen. Schaut man sich zum Beispiel die Geschichte an, sieht man sehr viele Wiederholungen. Nicht von Details, sondern von bestimmten Strukturen und Mustern. Muster der Macht und wie jene, welche nach Macht streben und jene, welche versuchen, die Macht zu behalten. Muster, dass manche Menschen andere hassen, aus Angst vor dem, was anders ist oder auch nur der Konfrontation damit. Menschen werden verfolgt, nur weil sie anders sind. Man schaue sich zum Beispiel die Jagd nach Terroristen an, welche das 21. Jahrhundert bestimmt. All die Maßnahmen, die dazu eingeführt werden. All das hat doch viel Ähnlichkeit mit den Hexenjagden der Vergangenheit. Mit der damit einhergehenden Hysterie und Irrationalität. Natürlich gibt es Terroristen im Gegensatz zu Hexen, aber jetzt unter jedem Stein einen zu vermuten, trifft sehr schnell die Falschen. Oder ist dies gar nur die Angst der Mächtigen, diese Macht zu verlieren, welche diese dazu verleitet eine fiktive Bedrohung aufzubauen, um die eigene Macht zu sichern bzw. auszubauen. In der Geschichte gibt es immer wieder Beispiele für eine Regentschaft mit Angst. Die größte Bedrohung für alle, die sich für Herrscher halten, ist freies Denken. Denn anders als beim Schach kann man im wahren Leben den 'König' opfern um zu gewinnen.

Mächtige und vermeintlich Mächtige sind oftmals viel zu sehr auf den Erhalt ihrer Macht bedacht, als das sie gute Entscheidungen treffen könnten.
(Der Autor)

Das Sprichwort "Wer nicht aus der Geschichte lernt, ist dazu verdammt sie zu wiederholen" hat sehr viel Wahrheit. Man könnte wahrlich unzählige Beispiele bringen. Damit haben jene, welche die Geschichte schreiben sowohl eine große Macht als auch eine große Verantwortung. Nur ein paar kleine Änderungen in einem Geschichtsbuch können auch die Zukunft ändern.

Ein Holist ist sich darüber im Klaren, dass es keine absolute Sicherheit gibt. Er überlegt die möglichen Konsequenzen aus einer Entscheidung. Das Universum und der Rest liegen klarer vor einem. Das Streben nach Wissen ist für einen Holisten ein innerer Antrieb. Man weiß um die Wichtigkeit und Macht von Wissen. Hinter den Fragen verbergen sich immer und immer wieder neue Fragen, welche es zu erforschen gilt.

Bei Descartes kann man zum Beispiel erste Ansätze von Holismus erkennen, wobei noch immer ein starker Gottesbezug gegeben ist. Trotz diesem Gottesbezug ist ein stärkerer rationaler Anteil, der auf wissenschaftlichem Verständnis beruht, vorhanden. Anders, als bei den anderen Menschen dieser Zeit. Dies könnte natürlich an seiner mathematischen Bildung liegen. Mathematik ist an sich holistisch. Über das Gleichheitszeichen oder auch andere Zeichen hängen die Dinge zusammen, sind miteinander verknüpft, wie auch alles in diese Welt.

Einige sehr schöne Bücher über Holismus, hat Douglas Adams mit Dirk Gentlys holistische Detektei geschrieben. Natürlich tendieren diese Bücher zu teils absurden Situationen, aber trotzdem ist ihr Kern holistisch.

Holismus heißt natürlich nicht, dass das Schicksal für einen vorherbestimmt ist. Man hat immer die freie Wahl. Die Wahl sich zu entscheiden. Die Wahl, welchen Weg man geht.

Natürlich ist die Gesamtheit extrem komplex, so dass man nicht einfach alles betrachten und verstehen kann. Man kann sich nur kleine Teilstücke vornehmen und diese verstehen. Wie ein großes Bild werden sich diese Teilstücke nach und nach zusammenfügen zu etwas großem.

Man fängt halt, wie überall mit dem ersten Schritt an und muss ständig üben. Nichts entsteht einfach so. Immer ist Zeit notwendig. Man fängt immer irgendwo an. Bei einem Haus macht es aber natürlich keinen Sinn zuerst das Dach zu bauen und dann das Fundament zu legen. Genauso muss man es auch mit dem erschließen von Wissen halten. Man erarbeitet es sich langsam, und Stück für Stück. Auch darf man Wissen niemals als endgültig oder absolut betrachten. Es kommen immer wieder neue Erkenntnisse hinzu. Alles darf grundsätzlich hinterfragt werden, denn so gut wie nichts ist endgültig und nahezu alles hat Ausnahmen. Skepsis gegenüber den Dingen hilft einem eine Distanz zu bewahren. Bei der Erschließung von Wissen ist eine Offenheit für das Neue und unterschiedliche Möglichkeiten von immenser Wichtigkeit.

Die Natur des Universums, der Begriff bzw. das Konzept von Unendlichkeit kann ein menschlicher Verstand nur schwer erfassen. Sich Unendlichkeit oder etwas vor dem Beginn des Universums vorzustellen ist ein Ding der Unmöglichkeit. Genauso wie es unvorstellbar ist sich das nach dem Tod vorzustellen. Wenn denn da etwas sein sollte.

Alles hängt zusammen, allerdings muss man dabei manchmal um mehr als eine Ecke denken. Holismus ist einfach, die Dinge nicht nur als einzelnes Element zu sehen, sondern als Teil von allem. Das alles mit allem verbunden ist. Es gibt immer mehr als nur einen Weg. Auch wenn einige Weg unschön sind, kann es Wert sein diese zu gehen.

Der Pessimist sagt: Ein Glas ist halb leer. Der Optimist sagt: Ein Glas wäre halb voll. Ein Holist sagt: Ein Glas ist voll. Die eine Hälfte ist mit Luft gefüllt und die andere mit einer Flüssigkeit.

(Der Autor)

Man hat einen anderen Blickwinkel auf die Welt. Das Offensichtliche wird schnell banal und vieles wird vorhersehbar. Das ist eine der Schattenseiten. Filme, Serien und Bücher zum Beispiel, können einen nur noch selten überraschen. Sie werden vorhersehbar und auch die Handlungen von Menschen in der Realität kann man abschätzen. Was natürlich positiv ist. Selbst, wenn man das konkrete Verhalten nicht abschätzen kann, ist es trotzdem hilfreich, sich die Möglichkeiten vorzustellen. Wie wird jemand auf etwas Gesagtes reagieren und wie muss ich dann reagieren. Man kann menschliche Interaktion als sehr komplexes Schachspiel sehen. Es kommen immer neue Variationen von schon bekannten Zügen. Deshalb ist es teilweise sehr angenehm sich mal etwas zurückzulehnen und abzuwarten, was passiert.

Das bringt Überraschung ins Leben und da man sich bewusst auf Überraschungen einstellt, kann man nicht enttäuscht werden. Aber ohnehin ist es so, dass jegliche Erwartung oder Vorfreude schon die Saat der Enttäuschung in sich trägt. Einen Film, von dem man gehört hat, er wäre gut, sieht man mit anderer Erwartung, als wenn man etwas schlechtes gehört hat. Beim gleichen Film kann so die Perspektive eine komplett andere sein. Das Gehörte beeinflusst den Sehenden. Wenn man versucht sich in den Blickwinkel einer anderen Person zu versetzen, kann einem vieles klarer werden, wobei man sich nie in alles hineinversetzen kann.

Man kann dieses Beispiel mit dem Blickwinkel auch schön auf die Gesellschaft erweitern, da vieles von Erwartungen abhängt. Wer ständig nur nein hört, wird auch ein nein erwarten. Entsprechen tritt man auch auf. Geht man dagegen zum Beispiel zum Vorstellungsgespräch mit einer anderen Erwartung, wird es möglicherweise auch anders verlaufen. In diesem Fall spielt Angst eine große Rolle. Die Angst einfach mal etwas probieren.

Selbst wenn morgen plötzlich jemand auf der Erde auftaucht und sagt "ICH BIN GOTT", wer würde das glauben? So wie ich die Menschen kenne wahrscheinlich niemand. Da kommt eher Spott und Hohn. Und wie sollte man dann erst beweisen, man sei das Gott. Weil man alles weiß? Das ist doch das Grundproblem beim Glauben. Man hat eine enorm hohe Erwartungshaltung und kann somit immer nur eine Enttäuschung erfahren, wenn man einen Beweis erhält. Hält man sich an Fakten und baut darauf auf, ist Enttäuschung weniger wahrscheinlich.

Am besten ist es die Dinge bis zum Ende zu denken. Auf dem Weg gibt es immer viele Abzweigungen. Diese kann man in seinen Gedanken ungestraft erforschen. Dies eröffnet einem mehr als eine Perspektive. Die multiplen Möglichkeiten liegen dann vor einem. Die Wege, die man gehen könnte. Da muss man dann abwägen, ob einem Stress lieber ist oder doch mehr Sicherheit. Beides hat unterschiedliche 'Kosten' aber bringt einem auch gleichzeitig unterschiedliche 'Gewinne'.

Das ganze Leben ist voll von Risiko. Spricht man die Person an oder lässt sie gehen. Tun oder nicht tun. Jede, aber auch wirklich jede Entscheidung kann alles verändern. Das sind die Möglichkeiten, die vor einem liegen. Natürlich wird man nur wenige davon erforschen, wenn man nur faul auf dem Sofa liegt. Man muss schon aktiv seinen Weg wählen und sich bewegen. Sonst wandert man irgendwann von dem Sofa direkt in die Kiste und hat im Leben nichts hinterlassen. Natürlich bleibt es jedem überlassen, ob er sein Leben im Rausch verbringen will. Egal ob in jenem der Faulheit oder dem von irgendwelchen Drogen. Selbst Erfolg kann eine Droge sein, aber im Gegensatz zu den anderen Drogen, hinterlässt man mit Erfolg deutlichere Spuren in der Geschichte.

Holismus sucht nach Gemeinsamkeiten und Mustern nicht nach Unterschieden. Der andere Blickwinkel auf die Welt hilft auch, den aus Angst entspringenden Hass auf andere zu bewältigen. In den Mustern der Macht kann man dies wie bereits gesagt häufig erkennen. Immer wieder wird Hass geschürt, um von Missständen abzulenken. Jemand anderes ist natürlich Schuld, selbst wenn es an der eigenen Unfähigkeit liegt. Aber wer sich dieser Umstände bewusst ist, braucht das 'Spiel' nicht mehr mitzuspielen oder kann sogar die Regeln ändern.

Alles hängt wie gesagt mit Allem zusammen. Ursache und Wirkung sind bekannt für ihren Zusammenhang. Für alles was man tut oder nicht tut, gilt dies. In der traditionellen chinesischen Medizin wird ein holistischer Ansatz verfolgt und man weiß, dass auch seelische Einflüsse, das Wohlbefinden beeinflussen können. Auch können Probleme in einem Organ, Auswirkungen auf ein anderes haben. In dem Körper arbeiten so viele Organe ständig zusammen. Keines kann ohne die anderen Überleben. Nichts steht allein im Raum. Es ist natürlich nicht ganz einfach, dieses Verständnis der Zusammenhänge in die richtigen Worte zu fassen.

Nehmen wir ein beliebiges Objekt in den Dimensionen der Raum und der Zeit. Sagen wir einen Löffel. Ein alter Löffel. Sieht man sich ihn in diesem Augenblick an, was sieht man. Die Gesamtheit oder einfach nur einen Löffel?

Ich sehe natürlich zuerst einmal den gegenwärtigen Zustand als Löffel, den dieser schon seit einiger Zeit innehat. Was er möglicherweise alles erlebt hat. Aber auch die Zeit davor ist darin vorhanden. Wie zum Beispiel die

Zeit als Erz in der Erde, bei der Weiterverarbeitung, die Entstehung des Elements aus dem nuklearen Feuer einer Sonne, bis zurück zum Urknall. Man kann natürlich auch, die möglichen Zukünfte des Löffels betrachten.

Ein Objekt auf diese Weise zu betrachten ist holistisch. Wenn man etwas in allen seinen Facetten betrachtet ist es holistisch und das gibt einem selber eine viel größere Tiefe der Dinge als nur das hier und jetzt. Alles ist vergänglich, wahrscheinlich wird selbst das Universum eines Tages vergehen. Alles endet, so ist der Zyklus des Lebens. Man redet deswegen von einem Zyklus, weil aus dem Tode des einen, das Leben des anderen entsteht. Ein ständiger Wandel durchfährt alles in jedem Augenblick. Nichts ist für die Ewigkeit. In etwas Neuem ist schon inhärent das Ende aber auch der danach beginnende Neuanfang. Der Wandel beginnt aber immer bei einem selbst.

Es ist nicht die stärkste Spezies die überlebt, auch nicht die intelligenteste, es ist diejenige, die sich am ehesten dem Wandel anpassen kann.
(Charles Darwin)

Gebirge falten sich auf, Wasser und Wind tragen sie wieder ab. Mit menschlichen Augen sieht man den Wandel selten. Außer den Wandel des Gesichts im Spiegel und den Wandel der Jahreszeiten. Ein schönes Spiegelbild vergeht trotzdem nur zu schnell. Denkt man dagegen in geologischen Zeiten, so sieht es schon ganz anders. Alles ist eine Frage des Maßstabes des Denkens.

Holismus bei Farben kann man zum Beispiel auf zwei Arten betrachten. Schwarz ist die Mischung aller Farben auf einer Palette, aber auch, Weiß ist die Mischung aller

Farben bei Licht. Demnach sind schwarz und weiß gar nicht so unterschiedlich.

Paracelsus verfolgte einen holistischen Ansatz, wenngleich er dieses Wort nicht verwandte. Holismus findet sich an vielen Stellen der Wissenschaft wieder. Denn Wissen ist die Grundlage um Zusammenhänge zu erkennen und zu verstehen. Auch Alexander von Humboldt gab sich nicht mit einer einfachen Sicht der Welt zufrieden. Er suchte nach den Zusammenhängen und vernetzte weltweites Wissen. Er sah die Mannigfaltigkeit in der Natur und versuchte zu verstehen.

Alles ist mit allem verbunden. Man sagt, dass jeder jeden, über sechs Personen oder weniger kennen würde. Bei sozialen Netzwerken im Internet kann man das nachprüfen. Es ist schon erstaunlich, wie viele Personen man damit "kennt". Es ist allerdings auch nicht verwunderlich. Wenn jeder nur zehn Personen kennt und jeder dieser wiederum zehn weitere Personen, dann sind es bei sechs Personen schon 1 Millionen Menschen, die man kennt. Natürlich kennt man viel mehr Personen. Da wären Arbeitskollegen, Freunde, Bekannte und so viele andere. Natürlich kennt man nicht jeden bis in die dunkelsten Bereiche des Inneren, aber man kennt sich.

Niemand spricht in unserer Gegenwart so von uns, wie in unserer Abwesenheit.
(Blaise Pascal)

Jeder Text hat Inhalt, aber es bedarf schon Verständnisses diesen zu erkennen. Sehen ist für jeden anders und doch sieht jeder etwas. Bloß die Interpretationen sind unterschiedlich. Wer allerdings von vornherein etwas als Unfug abtut, wird nie zur Weisheit finden. Schließlich sind die Zusammenhänge nicht immer offensichtlich. Eine Verbindung findet sich aber IMMER. So ist selbst das Feuer mit Wasser verbunden. Das eine verdampft das andere und wenn das andere herunter regnet, wird das eine gelöscht. Eine Verbindung lässt sich immer herstellen. Eine Kunst ist es allerdings diese Verbindungen möglich kurz zu halten.

Übungen:
Wie ist der Hund mit der Katze verbunden?
Wie ist der Baum mit dem Schrank verbunden?
Wie ist die große Pyramide von Gizeh mit Wasser verbunden?
Wie Sand mit Stein verbunden?
Wie ist die Sonne mit der Erde verbunden?
Wie ist das Ende mit dem Anfang verbunden?
Wie ist Schall mit Licht verbunden?

Antworten wird es an dieser Stelle keine geben, denn diese muss jeder für sich selbst finden. Sie können rein wissenschaftlich sein, philosophisch oder auch ganz anders. Es gibt dabei kein richtig oder falsch, solange man die Zusammenhänge begründen kann. Jeder kann auch selbst versuchen neue Zusammenhänge, für hier nicht aufgeführtes zu finden. Der Vorstellungskraft sind da keine Grenzen gesetzt. Denkt man darüber nach, spürt man den Hauch der unendlichen Möglichkeiten.

Intuition ist eine Form von Holismus, bei der man viele Faktoren zum Treffen einer Entscheidung nutzt. Man könnte es auch ausdrücken, als die Vereinigung von Logik und Gefühl. Logik und Gefühl zu vereinen, führt zu einer ganz besonderen inneren Stärke. Leider nutzen die meisten Menschen nur einen Bruchteil ihres großen Potentials. Viele betäuben ihren Verstand, um nicht alles zu fühlen. Vielleicht ist es Angst davor sich bewusst zu werden, wie unwichtig man ist. In hundert

Jahren wir kaum einer der über 8.000.000.000 Menschen, welche heute Leben eine Rolle spielen, geschweige denn jemandem bekannt sein. Vielleicht vereinzelte sind sie mit Namen bekannt innerhalb des Stammbaums der Familie. Oder halt für herausragende Leistungen.

Ein Quäntchen an Glück ist immer mit im Spiel. Bei großen Leistungen aber handelt es sich immer auch um viele Anstrengungen. Wer etwas geleistet hat, hat dies meist nicht aus dem Nichts geschafft. Natürlich sind Menschen mit den richtigen Voraussetzungen im Vorteil. Jeder Mensch kann etwas Besonderes. Man muss dieses vorhandene Talent allerdings häufig erst einmal entdecken und freilegen.

Aus dem Holismus kommt auch der Titel dieses Buches. Alles ist mit allem verbunden. Die Möglichkeit Dinge zu verbinden, die auf den ersten Blick ohne Verbindung erscheinen, ist auf jeden Fall wichtiger, als die Dinge einfach nur aufzuzählen. Jede Erfahrung des Lebens enthält eine eigene Lehre, die es zu erkennen gilt. Nie darf man vergessen, dass alles etwas Gutes hat. Selbst die schlimmste Erfahrung enthält Erkenntnisse. Sich diesen Erkenntnissen zu verschließen hieße abzustumpfen. Abzustumpfen heißt, einen Teil des Selbst zu töten, und wer möchte das schon.

Aus der Vergangenheit kann man die Zukunft sehen. Alles wiederholt sich und ist doch anders als zuvor. Wer alle Ereignisse der Vergangenheit und Gegenwart kennt, kann die Zukunft fehlerfrei vorhersagen. Alles stellt sich im Zusammenhang dar. Jede Entscheidung basiert auf vorherigen Entscheidungen und äußeren Einflüssen, wie anderen Menschen oder Informationen. Da wir in einem linearen Zeitfluss gefangen sind, baut der menschliche Verstand auf Erfahrungen auf. Das Leben an sich ist eigentlich nur eine beständige Reaktion auf Entscheidungspunkte. Eine nicht besonders effektive Vorgehensweise. Wer vorausschauend handelt, also holistisch, kann viele Entscheidungen schon vorwegnehmen und damit überflüssige Krisen entschärfen, bevor sie überhaupt zum Tragen kommen.

Egoismus bis zum Ende gedacht

Wenn man den Vorwurf hört, man wäre ein Egoist, dann meinen die meisten das als Schimpfwort. Sie haben für mich eine seltsame Vorstellung von Egoismus. Aber betrachten wir Egoismus mal aus einer anderen Perspektive. Aus einer Holistischen.

Auf was kommt man, wenn man Egoismus bis zum Ende denkt? Darauf, dass was für andere gut ist, auch für einen selbst gut ist. Betrachtet man Egoismus holistisch, wird man dies sehr schnell erkennen. Aus holistischer Sicht ist alles mit allem verbunden. So das zum Beispiel anderen zu helfen quasi immer auch Selbsthilfe ist. Wenn man Egoismus in letzter Konsequenz durchdenkt, kommt man zu diesem Schluss. Was für alle gut ist, ist für alle gut und damit auf jeden Fall für einen selbst. Wie ein altes Sprichwort sagt: 'Rettet man einem Menschen, so rettet man die Welt.' Und rettet man die Welt, so rettet man damit sich selbst, könnte man getrost hier ergänzen. Denn macht man andere glücklich, strahlt dies immer auch auf einen selbst zurück.

Diesen holistischen Egoismus, könnte man also auch als Selbstlosigkeit bzw. Altruismus betrachten. Es steckt aber immer ein selbstbezogenes Motiv dahinter. Alle Menschen sind Egoisten und selbst, wenn ein Mensch etwas für andere tut, tut er es im Endeffekt für sich selbst. Niemand tut etwas ohne Gegenleistung. Jeder ist ein Egoist, selbst wenn nicht für dieses Leben, dann für das vermeintlich nächste Leben. Bisher konnte mir noch niemand diese Argumentationskette glaubhaft wiederlegen und ich schätze, das kann auch keiner.

Es gibt allerdings unterschiedliche Arten des Egoismus. Es gibt den holistischen Egoismus. Dann ist da jener Egoismus, wo die Person sich nur auf das hier und jetzt konzentriert und der Rest vollkommend egal ist im Rahmen einer subjektiven Nutzungsoptimierung. Diesen Egoismus kann man als destruktiven Egoismus betrachten. Dieser klassische Egoismus nimmt keine Rücksicht auf die Allgemeinheit, weil die Handlung kurzfristig gedacht ist. Gut ist auch die Bezeichnung halber Egoismus, weil hier nicht bis zum Ende gedacht wurde. Wer zum Beispiel Geld ansammelt, auf Kosten der Umwelt, der vernichtet sich selbst. Man stelle sich den reichen Ölbaron vor, der vom Wirbelsturm geplättet wird, weil der Ölbaron mit seiner Gier den Klimawandel vorantreibt, hat dieser auch seinen eigenen Tod gesät. Wer die Umwelt zerstört, zerstört auch sich selbst, denn ohne diese gibt es keinen Menschen und somit bleibt auch nichts von der Kultur erhalten. Natürlich wird so auch keiner der Nachkommen überleben. Sogesehen ist Umweltschutz eine Investition in die Zukunft und die Nachkommenschaft der Spezies.

Wobei auch eine übertriebene Gier nach Aufmerksamkeit oder die Arroganz alles besser zu wissen ins Verderben führen kann. Die Anhänger sollen so werden, wie man selbst, dabei ist gerade die Individualität so wichtig, wie die Gemeinsamkeiten. Besonders Jugendliche in ihrer Aufmerksamkeitsgier geraten schnell in diese Falle, ohne sich dessen klar zu sein.

Solche Halbegoisten gibt es einige, die an ihr Leben im Jetzt denken, aber nicht an die Zukunft oder das Leben ihrer Nachfahren. Eine holistische Sichtweise bezieht immer auch die Zukunft mit ein, da sie eine Erweiterung der Gegenwart ist und man so besser aktiv gestalten kann, was in Zukunft passiert.

Nach aktuellen Forschungen auf dem Gebiet der Soziobiologie, ist der Mensch von Natur aus Egoist. Alles läuft nach dem Motto: 'Wer hilft, dem wird auch geholfen.' Dadurch wurde unser Zusammenleben überhaupt erst möglich. Es geht dabei um den Ruf innerhalb einer Gruppe. Wer als selbstlos dasteht, hat Vorteile, da er einen sehr guten Ruf hat. Selbstlosigkeit kann man also auch als eine Art von Statussymbol betrachten. Man könnte sagen, wer freigiebig ist, dem wird auch schneller gegeben. Natürlich spielen immer auch andere Effekte mit rein, aber man kann ruhig mal das eigene Verhalten in Hinblick auf das zuvor Beschriebene analysieren.

Wegen ihres Status geben die Meisten überhaupt etwas um ihren Ruf. Es ist eine Form von Gewinnmaximierung. Einige werden jetzt sagen: 'Ich bin doch kein Egoist.' So gibt es Menschen, die spenden zum Beispiel heimlich. Trotzdem ist es egoistisch, denn entweder entlastet die Spende das schlechte Gewissen oder es gibt einem einfach ein gutes Gefühl etwas gutes zu tun. Man muss bloß tief genug schauen, um die eigenen Motive zu finden. Es heißt nicht umsonst Liebe deinen Nächsten, wie dich selbst. Jeder will geliebt werden und um Liebe zu empfangen, muss man auch Liebe geben. Das merkt man auch sehr schnell in einer Beziehung. Was für die Liebe gilt, gilt natürlich auch für das Leben. Man bedenke, dass kein Leben so wertvoll, wie das Eigene ist. Deswegen sind alle Leben wertvoll, denn nur wer die Leben anderer achtet, dessen Leben wir auch geachtet.

Großzügigkeit und Ähnliches findet meist vor den Augen anderer statt und auch diverse Studien belegen, dass Großzügigkeit davon abhängt, ob einen dabei jemand beobachtet. In den anderen Fällen, die nicht beobachtet werden, geht es um das eigene Gewissen. Man beruhigt es, indem man Gutes tut, oder rechnet damit, wenn man anderen Gutes tut, wird einem selbst auch Gutes getan. Das Ganze ließe sich auch als ein erweitertes Modell des Homo Ökonomikus betrachten. Also der

Mensch erwartet Fairness für sich und andere. Fairness und Gerechtigkeitsliebe, jedenfalls aus eigener Sicht, sind häufig auch Motive für das eigene Verhalten.

Wer dagegen dem destruktiven Egoismus frönt, macht die Arbeit in Teams schwer. Besonders, wenn das Vertrauen immer wieder erneut zerstört wird. Man befürchtet ständig hintergangen zu werden. Hauptsächlich intrigante Personen können das zarte Pflänzchen des Teamworks im Wachstum stören. Sei es durch Taten oder durch Unterlassung. Durch das Verbreiten von Gerüchten oder anderes. Immer leidet das Miteinander darunter. Egal, ob man sie nun Destrukegoisten oder Halbegoisten nennt, die Wirkung von so 'Kurzsichtigen' ist stets gleich. Das kann sich natürlich auch als Gruppenegoismus äußern, wo eine kleine Gruppe die Vorteile untereinander aufteilt.

Der Egoismus äußert sich auch als Bequemlichkeit. So räumen die meisten ihre Wohnung auf, wenn Besuch kommt, obwohl sie es sonst eher nicht tun. Auch das ist Teil des guten Rufes. Wobei dies manchmal auch einfach nur eine Motivation ist, endlich das schon länger aufgeschobene zu erledigen.

Man ist versucht, nichts auf den Ruf zu geben und trotzdem tut man es. Egal ob bewusst oder unbewusst. Manchmal erscheint es so, als würde man nichts, um seinen Ruf zu geben. Gegenüber der Allgemeinheit mag das gelten, aber innerhalb der Gruppe ist es wichtig. Schließlich kann man niemals sicher sein, dass es nicht doch raus kommt. Irgendwie gelangen Informationen doch an die Gruppe.

Man denke hier nur an die Plagiate in Doktorarbeiten von Politikern, welche erst einmal alles wegen des Status abstreiten, damit aber im Endeffekt noch mehr verlieren, als ohnehin schon.

Schreit man einen anderen Menschen grundlos an, wird dieser mit hoher Wahrscheinlichkeit dieses Verhalten erwidern. Deswegen vermeidet man so etwas.

Selbst Ehrlichkeit und Lügen dienen dem Ruf. Alle Menschen lügen, aber keiner lügt dabei nur um des Lügens willen. Auch hier steckt immer ein Motiv dahinter. Sei es nur, dass jemandem das Lügen große Freude bereitet. Dann dient es nicht dem Ruf, sondern der Befriedigung von Gelüsten.

Wer hinter die Intentionen blickt, sieht die Welt mit anderen Augen. Vom Bürger, bis zum Staatsmann haben alle die Interessen ihrer Gruppe bzw. ihre eigenen im Auge. Viele politische Handlungen lassen sich so leichter verstehen. Dabei ist es natürlich hilfreich, viele Informationen zu haben.

Das berühmte Gesicht verlieren, ist der gute Ruf bei der eigenen Gruppe. Der gute Ruf verursacht immer die Angst, ihn zu verlieren. Diese Angst ist beständig. Erst wenn man nichts mehr zu verlieren hat, ist man frei von jeglicher Angst. Oder man macht sich klar, dass viele Dinge überbewertet werden und/oder sagt sich: 'Sch**ss drauf.'

Die Soziobiologen sind sogar der Ansicht, dass die Sorge um den guten Ruf entscheidend für die Evolution der Menschheit war. Die Evolution hat uns dies gebracht und macht unser Zusammenleben durch das vorprogrammierte Verhalten erst möglich. So hilft man sich auch heute noch in der Gruppe bzw. Familie eher als Fremden. Unser gesamtes Zusammenleben ist durch dieses Verhalten geprägt. Sieht man die Welt in so einem Kontext, wird einem viel klarer, was vor sich geht. Die Komplexität von Entscheidungen und die sich daraus ergebenen wechselseitigen Wirkungen ist enorm.

Besonders früher mussten die Alten den Jungen viel beibringen, damit diese ihnen eines Tages helfen konnten, wenn sie es selbst nicht mehr konnten. Die Hilfe geschah in letzter Konsequenz aus eigenem Interesse. Man denkt zudem auch an die eigenen Kinder, weil ein Teil von einem in ihnen weiterlebt. Um es in einer Metapher auszudrücken. Es spielt keine Rolle, ob wir die 'Früchte' genießen können, wir müssen die 'Bäume' trotzdem pflanzen.

Wenn man sich seiner Motive klar ist, wird man sich auch schneller über die Motive anderer klar. Kein Mensch ist eine Insel und alle wechselwirken miteinander.

Wenn man weiter denkt, stellt man irgendwann auch fest, dass einem Geld nicht wirklich soviel bringt, außer einer milden Befriedigung, wenn man anderen verkündet wie viel man verdient.

Toleranz gegenüber anderen ist unter holistischen Gesichtspunkten Toleranz gegenüber sich selbst. Wer gegenüber anderen intolerant ist, sollte auch keine Rücksicht erwarten. Erwartet man von anderen Toleranz so muss man diese auch selbst gewähren. Wer andere ablehnt, lehnt sich selbst ab und somit ist auch Hass immer Selbsthass.

Genauso wichtig wie Toleranz ist gegenseitiger Respekt. Es ist seltsam, wie sich manche Menschen verhalten und dann darüber wundern warum andere sich ihnen gegenüber feindselig verhalten. Auch hier wird dann lieber anderen die Schuld gegeben. Nicht der gesetzesübertretene Raser ist schuld, sondern die Radarfalle der Polizei.

Respekt bekomme ich nicht vor einem Amt, welches eine Person bekleidet, sondern, wenn überhaupt, davor wie die Person sich verhält.
(Der Autor)

Wo keine Selbstlosigkeit herrscht, ist bei Bussen und Bahnen. Da will irgendwie jeder sofort einsteigen. Am besten noch während die anderen aussteigen. Eigentlich ist es im Interesse aller, dass man die Leute möglichst zügig aussteigen lässt, damit man selbst wiederum möglichst schnell in den Zug kann. Da denken die meisten nicht nach. An dieser Stelle scheint der sinnvolle Egoismus, an der Dummheit zugrunde zu gehen. Wie außer mit Dummheit kann man sich derartige Rücksichtslosigkeit erklären? Es muss dabei nicht mal die vermeintliche Frechheit eines anderen sein, sondern kann auch das eigene Verhalten sein. So sollte man sich nicht wundern umgerempelt zu werden, wenn man einen Durchgang blockiert. Das ist rücksichtslos und dann werden auch andere darauf mit Rücksichtslosigkeit reagieren. Wobei ein weiteres Phänomen auftritt, dass einzelne, welche negativ auffallen, besonders gut im Gedächtnis bleiben. Dieses Verhalten wird dann auf alle anderen einer Gruppe projiziert. Dies ist eine Form, wie Vorurteile entstehen. Ein Beispiel sind hier die Tabaksüchtigen. Die Rücksichtsvollen, fallen kaum auf. Um so mehr jene, welche ihren Dreck auf den Boden schmeißen und keine Rücksicht nehmen.

Trotz alledem darf man sich nicht über die anderen aufregen, bevor man nicht sicher ist, nicht selbst an dem Problem schuld zu sein. Derartige Selbstreflexion ist überall wichtig, denn nur wer dies beherrscht, kann aus Fehlern lernen und das ist immer wichtig. Denn wer aus

Fehlern lernt, wird erfolgreicher sein, als jene die Fehler ständig wiederholen.

Rücksichtnahme ist eine Zweibahnstraße, was leider allzu häu-fig vergessen wird, wenn Rücksichtnahme oder Toleranz gefordert wird.
(Der Autor)

Ein anderes Beispiel für Rücksichtslosigkeit sind 'Asi-Phones'. Der eine oder andere wird jetzt mit dem Begriff nichts anfangen können. Asi-Phones sind zumeist Mobiltelefone aber auch MP3-Spieler, die mit ihrer unerträglichen Lautstärke, zum Beispiel im Bus, unerwünscht die Umgebung beschallen. Die Betreffenden bemerken noch nicht einmal, wie sehr sie ihre Umgebung damit stören oder es ist ihnen egal. Zudem belasten sie die anderen noch mit den Kosten für das früher oder später notwendige Hörgerät.

Genauso so ist es mit anderen Lärmquellen. Gleichzeitig sind solche Leute dann aber wütend, wenn sie von anderen Lärmquellen gestört werden. Das ist schon paradox, denn nur wer Rücksicht gibt, hat auch in moralischer Hinsicht einen Anspruch auf Rücksicht. Harmonie und Rücksichtnahme liegen im eigenen Interesse.

Auch im eigenen Interesse ist jeder mitverantwortlich darauf zu achten, was um einen herum passiert. Zum Beispiel das leidige Thema Schwarzfahrer. Warum sollte es jemanden angehen, der nicht Schwarz fährt. Ganz einfach, wenn alle zahlen, müssen die Preise nicht so stark erhöht werden. Schon aus Egoismus sollte man so handeln, es sei denn man spekuliert auf Toleranz, wenn man selbst in einer solchen Situation steckt. Man sieht, das Gemeinwohl fängt im eigenen Geldbeutel an. Jedenfalls dann, wenn man mal weiter denkt.

Wir sind nicht nur für das verantwortlich, was wir tun, sondern auch was wir unterlassen.
(Moliere)

Genauso ist es mit Sachbeschädigung. Wird öffentliches Eigentum zerstört, sorgt man damit garantiert für die nächste Steuererhöhung oder Einsparung. Also Augen auf und eingemischt. Es geht schließlich um das Gemeingut und das eigene Wohlbefinden. Natürlich gibt es jene, die im eigenen Interesse den Stress vermeiden. Denn solche Situationen beinhalten immer Stress. Aber wer immer alles duldet, wird am Ende viel mehr Stress ernten als jener, der sich ab und an dem Stress stellt mal nein zu sagen.

Selbst Verschwendung ist aus holistisch-egoistischer Sicht falsch. Man könnte es gar als einzige echte Sünde betrachten. Wird verschwendet, bleibt weniger für einen selber. Verschwenden andere Kraftstoff, so steigen die Preise an den Tankstellen. Wobei die Preise an den Tankstellen häufig auch aus anderen Gründen steigen. Verschenken ist okay, allerdings ist Verschwendung etwas, was jedem Nachhaltigkeitsgedanken widerspricht. Also vor dem Wegschmeißen überlegen, ob man das nicht doch noch gebrauchen kann, oder halt auch jemand anders.

So ist Recyceln im ureigensten Interesse. Schließlich will man für sich und die Nachkommen genug Ressourcen haben. Man sollte sich immer im klaren darüber sein, was für Konsequenzen die Verschwendung für die eigene Existenz hat. Auch der Schutz der Umwelt bzw. Erhalt kann unter diesem Aspekt gesehen werden. Umweltschutz ist sozusagen ein universeller Generationenvertrag.

Als Egoist im Multiversum muss man sich eine erweiterte Perspektive zu eigen machen. Was in einem Universum schlecht läuft, ist im anderen Universum von Vorteil. Aber warum sollten einen die anderen Universen interessieren. Es interessiert nur das Eigene, denn nur in diesem lebt man selbst. Ein Wechsel zu einem anderen Universum ist eher unwahrscheinlich. Demnach sind die Konsequenzen im anderen Universum nebensächlich. Man kann es aber zur Kenntnis nehmen in dem Wissen, dass alles irgendwo zu den eigenen Gunsten ist. Die Vorstellung, eine Entscheidung würde ein neues Universum entstehen lassen, ist dabei einfach lächerlich und macht keinen Sinn. Die Entscheidung wird lediglich unterschiedlich getroffen. Es ist keine Verzweigung, sondern eine Parallelität mit leichten Abweichungen. Wenn ein Multiversum existiert ist alles zum selben Zeitpunkt entstanden. Soweit man bei dem Vorzustand überhaupt von Zeit sprechen kann.

Selbst die Annahme, dass das Universum sich ausdehnt, muss nicht stimmen. Es sieht lediglich aus unserer Perspektive so aus. Vielleicht ist das 'Volumen' in dem sich unser Universum befindet auch konstant und alles im Inneren schrumpft, wodurch mehr Raum zur Verfügung steht. Vielleicht wird bei diesem Schrumpfungsprozess auch die hypothetische dunkle Energie und dunkle Materie frei. Die Physik musste immer wieder Weltbilder revidieren, weil etwas nicht passte. Andere Weltbilder tun sich da deutlich schwieriger, wie etwa der Theozentrismus, wo Gott im Mittelpunkt steht.

Holismus ist eine Lebenseinstellung auch den Egoismus konsequent bis zum Ende zu durchdenken. Nicht auf halben Weg zu stoppen beim Durchdenken, denn dann kann es ein böses Erwachen geben, wenn man seine "Gegenleistung" bekommen möchte. Häufig hilft es hierbei schon, eine andere Perspektive einzunehmen. Die berühmten metaphorischen Schuhe des anderen anzuziehen, ist meist eine interessante Erfahrung. Man lernt etwas unabhängig davon, ob gut oder schlecht. In diesem Zusammenhang kann man sagen, dass Freundlichkeit wie ein Bumerang ist.

Wobei man sich treu bleiben sollte. Einen Mittelweg zu suchen, wäre vielfach Selbstverrat. Man geht besser weiter und weiter. Mache sich aber bei jedem Schritt die Konsequenzen bewusst und handelt dann entsprechend. Das wichtigste ist dabei, dass man weiß, dass man die totale Macht über das eigene Leben hat. Dann trifft man wirklich und wahrhaftig die Entscheidungen. Wenn es anderen nicht passt, muss man entweder damit Leben oder sich anpassen. Faule Kompromisse kommen, da eigentlich nicht infrage. Zudem hindern sie einen auch an der Entwicklung und Entdeckung des eigenen Potentials.

Moral, Glaube und Ethik

Viele Menschen bezeichnen sich als gläubig. So halten sich zum Beispiel etliche Christen für gläubig, wenn sie regelmäßig in die Kirche gehen. Auf der Welt gab und gibt es zahlreiche Religionen. Die westliche Welt ist derzeit stark geprägt vom Christentum mit seinen jüdischen Wurzeln. Im heutigen arabischen Teil der Welt ist der Islam stark verbreitet. In Asien wird man zum Beispiel auf Buddhismus aber auch auf andere philosophische Lebenseinstellungen, sowie Polytheismus stoßen. Selbst der Glaube an ein Multiversum gibt es, wobei es für das Multiversum stärkere Indizien, als für Götter gibt.

Wer hat sich intensiver mit Gott beschäftigt? Jemand der einfach nur an es glaubt oder jemand, der begründet nicht an es glaubt?
(Der Autor)

Jede größere Strömung des Glaubens hat diverse Unterteilungen. Dann gibt es noch jene, die sich als Atheisten bezeichnen und auch die Agnostiker.

Die wenigsten 'Gläubigen' haben jemals die Grundschriften ihres Glaubens gelesen. Ich kenne zum Beispiel keinen Christen, der die Bibel komplett gelesen hat. Natürlich von Pfarrern mal abgesehen. Auch im Islam dürfte es nur wenige geben, die den Koran gelesen haben, geschweige denn lesen können.

Ich selbst habe mich mit verschiedenen Religionen beschäftigt. Mehr oder weniger intensiv. Dabei habe ich natürlich den kulturellen Kontext berücksichtigt. Schön verdeutlichen kann man es sich am Alten Testament der Bibel. Man findet dort rudimentäre Regeln für ein Zusammenleben, Anleitungen für Landwirtschaft und Hygiene und vieles mehr. Unter anderem auch eine Art Geschichtsschreibung und Stammbaum einer Gruppe von Menschen. Wobei das Wort Legende wohl eher zutreffen dürfte. Zudem gibt es einen Schöpfungsmythos, den erstaunlich viele Religionen haben.

Durch mangelndes Wissen konnte man sich bei den unwissenden Menschen vieles nicht erklären, also entstanden Geschichten, die sich nach und nach in Glauben verwandelten. Schön in diesen Kontext ist, wie aus Ereignissen Legenden werden können, die Geschichte von Troja oder auch der Anfang der 'Herrn der Ringe'-Verfilmung.

Ich frage mich wer von jenen die Glauben, jedes Wort in der Bibel wäre das direkte Wort Gottes, diese jemals komplett gelesen haben. Was von Menschen geschrieben wurde, kann gar nicht das Wort Gottes sein. Jeder versteht Dinge anders und wenn etwas erst nach vielen mündlichen Weitergaben niedergeschrieben wird, haben sich 'Kopierfehler' eingeschlichen. Das lässt sich nicht verhindern. Natürlich wird jetzt der eine oder andere behaupten jemand habe die Hand des Übersetzers geführt und deswegen stimme alles, aber würde das nicht dem Konzept des freien Willens wiedersprechen? Auch diesen vertreten viele Religionen.

Selbst das Neue Testament wurde von Menschen geschrieben, die den erwähnten Jesus teilweise nicht einmal persönlich kannten. Bei der Erstellung des Neuen Testaments wurde dann auch noch etliches weggelassen und interpretiert. Halt Dinge, die gerade nicht genehm waren. Und außer sexueller Liebe war im Alten Testament eher Hass und Wut zu spüren. Sollte ein allmächtiges Wesen nicht über Wut, Zorn und dergleichen stehen? Warum ist der in der Bibel beschriebene Gott genauso fehlbar, wie die Menschen und hat nur mehr

Macht? Ist doch mal einen Gedanken wert. Wer viel glaubt, glaubt häufig falsch. Da sind Fakten schon eine bessere Grundlage für eine Lebenseinstellung. Zumal Jammern und Beten keine Probleme löst.

Da die grundsätzliche menschliche Natur sich, ungeachtet der Religion, kaum unterscheidet, sind solche 'Überarbeitungen' und 'Verfälschungen' auch für andere Religionen anzunehmen. Wobei es selbst dann, wenn es keine Änderungen gab, noch immer diverse unterschiedliche Interpretationen gibt. Religion bzw. Glauben sind einem Entwicklungsprozess unterworfen, auch wenn es immer wieder evolutionäre Rückschritte gibt. So gesehen, wird auch in Zukunft noch viel passieren. Die Vergangenheit zeigt uns ja den Weg vom Tier, dass keine Religion hatte über den Polytheismus hin zum derzeitig wahrscheinlich überwiegenden Monotheismus. Wobei es auch noch immer viele heidnische Rituale gibt. Selbst in vermeintlich nontheistischen Kulturen, wie etwa China. Religion ist und war immer ein Machtfaktor, der auch heute noch großen Einfluss hat.

Bei Konflikten wegen Interpretationen stellt sich die Frage: Sind religiöse Konflikte die Ursache oder Auswirkung eines Grundproblems? Es gilt, dass keine Religion einen Menschen gut oder schlecht macht.

Wenn ich mir jene ansehe, die sich für fromm halten, dann ist auffällig, wie häufig sich Frömmigkeit in Geld ausdrückt. Als wollten die Menschen einen Ablass kaufen. Wobei der Ablass der Neuzeit vielleicht das CO_2-Zertifikat sein könnte.

Schlimm finde ich den Prunk in den 'Gotteshäusern'. Wozu brauchen Götter prunkvolle Häuser? Warum kommt das Geld nicht jenen zugute, die es brauchen? Das frage ich mich, wenn ich mir den Prunk in vielen Kirchen ansehe. Natürlich gibt es anderen Menschen

Arbeit so einen Prunk herzustellen. Einmal hörte ich, wie jemand meinte, das solle einen Vorgeschmack auf das Paradies geben, aber wirklich bringen tut es nichts. Wenn zum Beispiel die Kirche ihr Geld lieber in die Umwelt und die Menschen investiert hätte, so wäre die Welt wohl paradiesischer.

In dem Sinne wäre, dann die ganze Welt eine Kirche. Die Menschen sollten nicht einer Religion oder einem Glauben dienen, sondern die Religion oder der Glaube dem Menschen. Solche Lehren können als Helfer auf einem schweren Weg dienen. So wie es heute praktiziert wird, erscheint es allerdings meist nur als Last. Und einige die sich für gute Menschen halten, tun schlimme Dinge, die definitiv nicht im Einklang mit der Religion stehen. Man denke nur an die Mafia. Vieles was zum Beispiel die katholische Kirche predigt, macht keinen Sinn. So wird Verhütung verpönt, weil es an einer Stelle heißt, liebet und mehret euch. Leider heißt es in der Bibel an keiner Stelle 'Denkt selbst' oder 'Diese Regeln müssen immer im Kontext der aktuellen Umstände betrachtet werden'. Jedenfalls nicht explizit. Oder braucht der Mensch einfach einen Vordenker. Ist das eigenständige Denken vielleicht zu schwer? Ist es gar die schon erwähnte Bequemlichkeit?

Ein Indiz für eine Antwort auf diese Frage könnte man vielleicht im Niveau der Unterhaltungsindustrie ablesen. Besonders, wenn die Produkte der Unterhaltungsindustrie der alleinige Lebensinhalt werden.

Wenn alle Religionen die Wahrheit für sich beanspruchen, wie können da alle recht haben? So viele Götter können doch nur zu einem Paradoxon führen. Zudem bezeichnen die religiösen Vertreter Dinge, welche diesen nicht passt, nur zu oft als Ketzerei oder Blasphemie. Ein klassisches Zeichen für einen Mangel an Argumenten.

Es hat den Anschein, dass sich die meisten Religionen nicht einer Prüfung unterziehen wollen, wenn sie in Frage gestellt werden. So gesehen könnte man auch argumentieren: 'Selbstmordattentäter sind blasphemisch, denn sie stellen die Macht ihres Gottes in Frage.'

Es ist das Recht der Dummen auch die Wahrheit nicht zu glauben.
(Goethe)

Tragisch ist nur, dass Dummheit nicht schmerzhaft für jene ist, die sie haben, sondern nur für jene, welche darunter leiden müssen, dass sie von dummen Menschen umgeben sind. Selbst Bereichen, wie der Wirtschaft gibt es einen Glauben, den ans Wachstum, dabei gibt es kein Wachstum, sondern nur Verlagerung.

Niemand kann als Einziger immer recht haben. Jemand der dies für sich beansprucht, wird seine Gegner nur dazu einladen, das Gegenteil zu beweisen. Betrachtet man Priester egal, welchen Glaubens, so lehnen diese leichter den anderen Glauben ab oder bekämpfen diesen sogar, als dass sie den fremden Glauben als Möglichkeit sehen etwas zu lernen. Und sei es nur, dass andere einem mehr bieten. Wer über den Tellerrand schaut erweitert sein Bewusstsein.

In vielen religiösen Texten gibt es zudem enorme Widersprüche. Vielleicht irren sich alle oder erfassen nur Bruchstücke eines größeren Ganzen. Der ungeübte Geist verschließt sich neuen Möglichkeiten nur zu leicht insbesondere, wenn die Fundamente für eine Ansicht sehr gefestigt sind. Es ist dann Bequemlichkeit die Muster zu wiederholen. Es ist natürlich einfach, sich nicht selbst entscheiden zu müssen. Viele Menschen gehen gerne den einfachen Weg. Es ist wieder einmal die Massenträgheit im metaphorischen Sinne, die hier zuschlägt. Dabei hat nach der Bibel, der Mensch sich sogar die Freiheit genommen, selbst zu entscheiden. In Form der Frucht vom Baum der Erkenntnis. Wenn man daran glaubt, kann man sagen, dass dieser Weg eingeschlagen wurde. Und nach der Bibel hat Gott den Menschen diese Erkenntnis nicht wieder genommen. Man könnte dies auch als Hinweis darauf interpretieren, dass der Mensch nach Wissen suchen sollte. Der Weg zur Erkenntnis wurde begonnen und nun sollte man diesen auch gehen. Wohin die Erkenntnis auch immer führt. Aus jeder Erkenntnis erwachsen neue Wege zu neuem Wissen. Vielleicht ist die Erkenntnis sogar der Sinn und Zweck des Seins.

Man kann es auch anders formulieren. Wenn ein Gott allmächtig und allwissend wäre, hätte er gewusst, dass Eva vom Baum der Erkenntnis essen würde. Damit lässt dieser "Gott" nicht nur Erkenntnis zu, sondern hat diese sogar als essentiellen Bestandteil des Menschen vorgesehen. Natürlich dürfte in so einem Fall das Ganze nicht sofort und einfach erkennbar sein. Das Verbot ist ganz offensichtlich als Anreiz zu verstehen. In dem Wissen was geschehen würde. Also keine Sünde, sondern versteckte Motivation. Man kann daraus ableiten, dass die Suche nach Erkenntnis, der ausdrückliche Wille dieses Gottes wäre und demnach dürften, jene die nicht danach streben sündigen. Man denke hier nur an Kreationisten, welche versuchen mit ihrer Pseudowissenschaft, echte Wissenschaft zu untergraben. Ebenso wie jene, die noch immer versuchen Homöopathie als fundierte Behandlungsmethode zu verkaufen. Dabei ist längst nachgewiesen, dass es sich um Placebo handelt.

Es gibt auch Religionen, welche sich selbst als wissenschaftlich geben, aber im Endeffekt auch nur dieselben Versprechen von Unsterblichkeit verkaufen wollen.

Gibt es einen deutlicheren Beweis, dass der Menschen vom Affen abstammt, als die Existenz von Kreationisten?
(Der Autor)

Die Regeln des Zusammenlebens (Gebote) sollten aber weiterhin im eigenen Interesse (holistischer Egoismus) befolgt werden. Denn was man selbst nicht erdulden will, darf man auch nicht anderen zufügen.

Die Kirche irrt aber auf jeden Fall, denn entweder existiert kein allmächtiger Gott oder der "Sündenfall" war Absicht. In beiden Fällen muss die Suche nach Erkenntnis, also Wissen, das höchste Streben des Menschen sein. So gesehen wäre die Naturwissenschaft die größte Verehrung dieses Gottes. Man nutzt sein Gehirn halt um selber zu denken, wie es vorgesehen ist. Wobei die Naturwissenschaft durch Kontroversen gekennzeichnet ist, während Religionen diese vermeiden um durch die Wahrung der Beständigkeit, sich selbst zu stabilisieren.

Als Gott hätte ich es genauso gemacht. Die Erkenntnis nicht offensichtlich verpackt. Ein Pfad der nicht einfach, sondern hart ist, damit dieser Pfad nur von Würdigen beschritten wird.

Wenngleich ich christlich erzogen wurde, habe ich versucht, hinter die Dinge zu blicken. Ich habe die Gründe für etwas zu analysieren versucht und nichts einfach so hingenommen, weil jemand es sagt. Egal wer. Die Dinge müssen plausibel sein. Ist etwas nicht plausibel fehlen entweder Informationen oder es schlichtweg falsch. Glauben ist nicht das Gegenteil von Wissen aber durchaus die Abwesenheit eines signifikanten Anteils von Wissen. Zweifel sind bei der Abwesenheit von Wissen nur natürlich und sinnvoll.

Nach der Bibel ist Gott allwissend. Wobei Allwissenheit mit Allmacht gleichzusetzen ist, denn wer alles weiß, hat Allmacht. Es steht meines Wissens allerdings nirgendwo geschrieben, dass der Mensch nicht auch nach Allwissenheit streben darf. Mit Wissen bekommt man Macht. Macht über andere, aber auch über sich selbst.

Nach dem Glauben kommen das Wissen und die Erkenntnis. Wer nur glaubt, verschließt sich den Möglichkeiten des Wissens. Das Wissen ist die nächste Stufe in einer Evolution des Verstehens. Der Glaube stand am Anfang, aber erhabener ist das Wissen. Der Mensch sollte endlich aufhören nur zu Glauben und den nächsten Schritt in seiner geistigen Evolution machen.

Das Sprichwort 'Der Glaube kann Berge versetzen' muss demnach noch um den Teil 'der Wille tut es durch Wissen', ergänzt werden. Denn durch Technik und Wissenschaft ist es durchaus möglich, Berge zu versetzen, wenngleich noch sehr aufwändig. Wenn man sieht, wie für die Gewinnung von Rohstoffen riesige Löcher entstehen, welche durchaus mit dem Versetzen von Bergen gleichzusetzen ist, dann weiß man, was alles bereits möglich ist.

Einen interessanten Ansatz haben im Zusammenhang mit Wissen die Bahai. Einer ihrer Grundsätze ist es, dass die Religion nicht im Widerspruch zu Vernunft und Wissenschaft stehen darf. Des Weiteren bedarf es der beständigen Weiterentwicklung des Glaubens. Etwas, dass man bei vielen Religionen meist nur mit großen Schwierigkeiten findet. Diese Religionen halten sich teilweise an veralteten Dogmen fest, wie an Rettungsleinen.

'Das war schon immer so.' Eine Aussage, die man häufig auch in Behörden hört. Man kann dabei soviel lernen, wenn man seinen Geist offen lässt für neues. Es bereichert das Leben ungemein und verbessert es teilweise auch.

Viele Religionen beschäftigen sich intensiv mit Schuld oder impfen den Gläubigen sogar Schuldgefühle ein. Besonders bei Vergnügungen ist dieses Vorgehen beliebt. Das Verhalten ist aber leicht zu erklären. Vor langer Zeit musste jeder mitarbeiten, damit das Überleben einer Gruppe gesichert wurde. Der berühmte 'innere Schweinehund' stand diesem Überleben entgegen, denn dieser strebt nur nach Vergnügen bzw. Faulenzen. Für das Überleben mussten Vergnügungen schlecht sein. Genauso wie Versagen schlecht war. Deswegen sind Schuldgefühle auch fest verankert in unserem kulturellen Grundbewusstsein. Diese Einstellung ist eine sehr Einfache, um das Überleben zu sichern aber natürlich wäre es besser gewesen jeden nach seinen Talenten zu fördern. Dadurch hätte man einen holistischeren Ansatz gewählt. Das Überleben wäre durch gezielte Förderung von Talenten einfacher geworden. Insbesondere die Lust ist vielfach verpönt. Diese scheint kontrolliert zu werden, um eine bessere Kontrolle über den Menschen zu gewinnen. Zur Lust aber später mehr.

Es gibt heute Staaten, in denen Religion in der Schule unterrichtet wird und andere, wo ohne Lehrplan in privaten Einrichtungen unterrichtet wird. Der Unterricht ohne Lehrplan kann nicht kontrolliert werden, was dazu führt, dass die Meinung von einzelnen auf größere Gruppen überspringt. Es kann also dazu kommen, dass durch die Abwesenheit eines staatlich organisierten Religionsunterrichts der Fundamentalismus gefördert wird. Beispiele sind in diesem Fall Afghanistan aber auch die

USA. Dort gibt es Kirchenschule bzw. Koranschule.
Wobei die fundamentalistischen Anschauungen in den
USA schon lange versuchen, in den schulischen Unterricht vorzustoßen. Allerdings nicht im Rahmen eines eigenen Religionsunterrichts, sondern mit dem schon erwähnten Versuch Schöpfungsmythologie als Wissenschaft darzustellen. Das ganze heißt derzeit 'Intelligent
Design' und früher mal Kreationismus. Wobei sich für
mich da die Frage stellt, wer die Intelligenz geschaffen
haben soll. Mit Fakten hat das nichts zu tun, sondern
eher mit dem Versuch etwas zur Wissenschaft zur machen, was nicht wissenschaftlich ist. Das ganze erinnert
ein wenig an Alchemie, aber die Erfolgsaussichten sind
noch geringer als der Versuch Blei in Gold umzuwan-
deln. Man könnte auch sage, jene, welche versuchen
einen Glauben als Wissenschaft zu verkaufen, sind so
wie Blinde, welche über Farben diskutieren, die sie nie
kennengelernt haben.

*Das Bewusstsein des Gläubigen stagniert. Es gelingt ihm nicht,
hinaus zu wachsen in ein grenzenloses, unendliches Universum.
(Frank Herbert)*

In vielen Staaten ist die Religion offiziell von der Politik getrennt. Ein direkter Einfluss ist auch nicht sicht-
bar. Jedenfalls nicht in der Form, dass man den Personen religiöse Äußerungen nachsagen kann. Allerdings ist
die religiöse Grundprägung immer vorhanden. Diese
beeinflusst, sowohl die Herangehensweise an Aufgaben,
als auch den Umgang. Der Glaube eines Menschen
prägt sein gesamtes Handeln und somit auch das Handeln in der Politik. Natürlich ist es mehr Freiheit, als
wenn Politik und Religion eins sind. In solchen System
wird man nie die Freiheit haben ein Individuum zu sein.

Dazu ist die Unterdrückung viel zu groß. Allerdings übersieht man in seiner Ignoranz häufig, dass man nicht allmächtig ist. Das kann nach hinten losgehen. Irgendwann erreicht jedes Volk die kritische Masse. Ab diesem Zeitpunkt entlädt sich der Zorn des Volks mehr oder weniger stark. Wahlen und Demokratie sind in diesem Sinn ein Ablassventil für den Zorn des Volkes.

Glaube und Religion werden häufig auf eine Stufe gestellt. Ist dem wirklich so? Den Glauben bildet man selber aus seinen eigenen Erfahrungen. Die Religion wird einem von außen aufgeprägt. Das gilt allerdings nicht nur für Religionen. Generell beobachtet man häufig das Bestreben anderer Menschen die eigene Einstellung aufzuprägen. Es gibt viele Bekehrer unter den Menschen, aber nur wenige Denker. Einen Bekehrer erkennt man daran, dass dieser wenig mit Argumenten arbeitet. Ein Bekehrer kann nur selten plausibel argumentieren. Im Endeffekt läuft es da häufig darauf hinaus, dass man ein 'ist halt so' zu hören bekommt, wenn man sehr tief hinterfragt. Sei es nun in der Ausführungsform, das ist der Wille der religiösen Entität, an die diese Person glaubt oder irgendetwas anderes in dieser Art. Stimmt man nicht zu, obwohl es ja 'gar nicht anders sein kann', kommt was anderes zu tragen. Alle müssen meiner Meinung sein, sonst sind sie gegen mich. Das ist leider das Motto zu vieler. Sie prüfen nicht auf Plausibilität. Es zählt für diese bedauernswerten Individuen nur die eigene Meinung und die unabänderlich. Ein weiser Mensch dagegen stellt erst einmal alles in Frage und prüft auf Plausibilität.

Meinungsfreiheit heißt nicht, dass man nicht versuchen darf andere von der eigenen Meinung zu überzeugen.
(Der Autor)

Ein besonders ausgeprägtes Beispiel für notorische Rechthaber und Gernegroße sind Islamisten. Natürlich sind die Taten von Islamisten schrecklich, allerdings sind es trotzdem Kompensationshandlungen. Sei es nun, dass sie in der Hose zu kurz gekommen sind, oder es ihnen irgendwo anders an Macht fehlt. Sie fühlen sich hilflos und finden keinen anderen Ausweg als Gewalt. Das ist ihnen selber vielleicht nicht einmal klar.

Ihre vermeintliche 'Unwichtigkeit' wird von den 'Top-Islamisten' benutzt. Denen geht es nur um Macht, auch wenn sie Glauben vorschieben. Im Endeffekt ist immer nur Macht das Ziel dieser Menschen. Macht über einen oder mehrere Menschen.

Erst wenn man sich von allen Religionen lossagt, kann man seinen eigenen Weg und 'Glauben' finden. Mit Glauben ist in diesem Zusammenhang auch die eigene Lebensphilosophie beschrieben.

Niemand, kein Gott, keine Kirche und keine Regierung, bewahrt uns davor, selbst zu entscheiden, was Gut und Böse ist. (Karen Duve)

Das Zitat zuvor trifft es recht gut. Denn letztendlich muss immer der Mensch selber entscheiden, ob etwas richtig oder falsch ist. Die Entscheidung birgt auch schon immer die Notwendigkeit, die Konsequenzen einer Entscheidung zu tragen. Trotzdem oder gerade deswegen ist der Glaube, egal welcher, für viele eine Stütze in schwierigen Zeiten. Denn sie geben die eigene Verantwortung an jemand anderes ab. Sich von Ängsten entledigen ist auch häufig ein Grund für religiösen Beistand. Aber ist dies nicht auch schon eine Art Flucht? Ein Wegrennen aus Angst?

Es stellt sich noch die Frage, ob Religionslosigkeit auch als Religion zählt. Wie die Religion ist es eine Einstellung zum Leben, allerdings ohne unnatürliche Elemente. Dies wird hier aber nicht beantwortet werden, denn darüber muss sich jeder selber klar werden.

Ist eine Idee erst einmal in der Öffentlichkeit, hat kein Kulturschaffender mehr eine Kontrolle über die weitere Entwickelung. Sei es nun bei Patenten, Artikel in wissenschaftlichen Fachzeitschriften, bei Kunst oder halt bei Philosophie bzw. Religion. Die vielleicht noch harmlos erscheinenden Ideen können sich auch im Laufe der Zeit zu etwas weiterentwickeln, was der Ideengeber nie gewollt hat. Dies sollte man immer berücksichtigen, wenn man Schriften zu verstehen versucht. Dennoch ist der Austausch von Ideen ein Grundstein für unser Überleben und unserer Entwicklung, als Gesellschaft. Wer dies unterdrücken will, unterdrückt auch die Entwicklung. Alle Entwicklungen sind immer zwiespältig. Mit einem Messer kann man schneiden oder es als Waffe verwenden. Jedes Ding und jede Idee hat diese Dualität, man muss sich dieser bloß klar werden.

Alle Religionen zeigen in meinen Augen nur Teilaspekte auf einen Weg zur Weisheit und damit zu innerem Frieden. Auch die Frage nach dem Sinn des Lebens beantwortet keine zufriedenstellend. Die Meisten sagen man soll anständig sein und bestimmt Verhaltensregeln befolgen. Diese Regeln bereiten aber meist nur auf ein vermeintliches Leben nach dem Tod vor. Nicht Gottesfurcht, sondern die vor der Finsternis des Nichts lässt viele fromm werden. Eine Flucht ist es.

Erst mit innerem Friede kann man auch friedlich mit den anderen Leben, da es aber illusorisch ist, dass alle Menschen miteinander in Frieden leben, wird Weltfrieden nicht funktionieren, solange es den Typ Mensch, wie heute gibt. Wer sich mit dem Verhalten von Menschen beschäftigt, wird ebenfalls ziemlich schnell zu dem Schluss kommen, dass Weltfrieden nicht möglich ist. Dazu hat jeder Einzelne zu unterschiedliche Interessen. Zudem ist der Mensch noch viel zu sehr in der Evolution gefangen und sich gar nicht bewusst, wie viel Verhalten noch immer von Urinstinkten getrieben wird. Allein deswegen ist Weltfriede zwar eine schöne Idee, aber absolut unrealistisch. Denn Menschen sind nur schwierig zu ändern und die Motivation muss ohnehin von innen kommen. Es genügt auch keineswegs einfach alle Waffen zu verbieten, denn nicht die Waffen sind das grundlegende Problem, sondern die Menschen welche sie einsetzen oder für ihren Einsatz sorgen. Nicht durch die Waffen werden die Länder verwüstet, sondern durch verwirrte Menschen mit verrückten Ideen oder auch Despoten. Wobei die Grenzen schwimmend sein dürften. Man könnte auch sagen: 'Wenn es ohne Soldaten keine Kriege gibt, dann wohl ohne Türen auch keine Diebe.' Die Friedensaktivisten sollten sich mit ihrer eigenen Natur beschäftigen. Insbesondere jene, welche mit Gewalt gegen Dinge oder Personen ihren Standpunkt zu vertreten. Da sehen sie den Grund für Kriege sogar in sich selbst. Der Mensch gerät immer wieder in Konflikt. Echter Weltfrieden ist und bleibt leider wohl immer Illusion.

Als anderer Blickwinkel stelle man sich vor, Morgen ginge die Welt unter. Das könnten wir dann wahrscheinlich eh nicht verhindern. Anstatt auf Apokalypsen zu setzen sollte man lieber schauen, was man ändern kann. An sich selbst und an der Welt, denn bei Veränderung beginnt die Reise immer bei einem Selbst. Es macht aus meiner Sicht wenig Sinn sich zu viele Gedanken über fiktive Probleme zu machen. Besser ist es, sich denen zuzuwenden, welche wirklich existieren. Wenn wir alle nur ein wenig mehr Energie darauf verwenden würden, wären wir einer besseren Welt deutlich näher.

Und Waffen die Schuld für Kriege zu geben wäre so, als würde man behaupten, Computer würden uns arm machen, weil Aktienhändler damit an der Börse spekulieren. Nur weil ein Werkzeug missbraucht wird, ist nicht das Werkzeug schlecht.

Viele Philosophen haben sich mit der Frage nach dem Sinn des Lebens beschäftigt, aber keiner könnte sie bisher letztendlich beantworten. Die Suche nach dem Sinn des Lebens beschäftigt aber jeden. Allein schon, wenn man sich die Frage stellt, was will ich aus meinem Leben machen. Will ich es tatenlos begehen oder Großes vollbringen.

Der Grund dafür ist sehr einfach, jeder Mensch hat einen eigen Sinn für sein Leben zu finden. Wobei die Reise nicht so einfach ist, aber ein jeder der sie geht, wird feststellen, dass sie es wert ist, gegangen zu werden.

Das Leben selbst ist die Reise, die wir mit dem füllen können, was wir uns wünschen. Dem was wir uns wirklich wünschen nicht dem, was äußere Einflüsse uns glauben machen wollen, was wir uns wünschen. Besitz ist nicht wirklich von Belang.

***

Es gibt Stimmen, welche meinen, dass es schlimm wäre, ohne Glauben zu sein. Dann würde einem der moralische Kompass fehlen. Aber ist dem wirklich so? Wie schon zuvor ausgeführt scheint bisher kein Glaube illegales Verhalten wirksam unterbunden zu haben. Zwar ändert sich im Kontext der Zeit, was illegal ist, aber grundsätzlich gibt Glaube genau, wie Gesetze nur einen Rahmen vor, den die Menschen aktiv gestalten müssen.

Niemand, der nicht an ein Leben nach dem Tod glaubt, ist deshalb ein schlechterer Mensch, sondern ein Mensch, der intensiver lebt und die wenigen Augenblicke einfach intensiver genießt und wahrnimmt. Das Leben mehr wertschätzt und deshalb sogar rücksichtsvoller ist, sich aber auch mehr für das Leben einsetzt, damit alle etwas davon haben. Die Sinnlosigkeit von Religionen, könnte sich hier begründen, dass sie einem mit einem besseren Leben hinhalten, anstatt die Missstände in dieser Welt bereits zu beseitigen. Man könnte es fast schon als gottgegebene Aufschieberitis sehen. Man suche jetzt keine Begründung für das Fehlverhalten. Fehlverhalten muss abgestellt und nicht begründet werden.

Aus meiner Sicht setzt Glauben voraus, dass Götter vor der Menschheit existierten und nicht vom Menschen geschaffen wurden. Die ursprünglichste Emotion war die Angst. Viele Ängste lassen sich auf das Mysterium Tod zurückführen. Was tut man gegen Angst? Man erschafft etwas, was die Angst nimmt. Ein Leben nach dem Tod. Dann die unerklärlichen Kräfte in der Welt, bevor man sie verstand. Das mussten übernatürliche Wesen sein. So erschuf der Mensch die Götter.

Später wurden die Religionen ein Mittel, um gesellschaftliche Umgangsformen zu etablieren. Du sollst nicht töten, nicht fremdgehen und so weiter. Dazu kamen noch Hygienevorschriften in Form von religiösen Ritualen. So konnten die Priester die Gesundheit ihrer Anhänger erreichen. Etwas macht krank, also ist es ein Tabu.

Extremismus + Hass = eine Ursache

Die Welt hat viele Gegensätze, wie Gut und Böse oder halt Liebe und Hass. Gut und Böse bilden trotz allem eine Symbiose, das eine kann nicht ohne das andere existieren. Mit dem Ende des Guten würde auch das Böse aufhören zu existieren. Denn ohne Kontrast gibt es beides nicht.

Allerdings muss man trotzdem danach streben extreme Auswüchse zu bekämpfen denn diese können die Welt in den Untergang treiben. Ganz im Sinne von Paracelsus: "Die Dosis macht das Gift". Auch bei Emotionen ist dies der Fall. Extremer Hass macht alles lebensunwert für alle anderen.

Manchmal entsteht Hass und Extreme aus einer Verdrängung, bei welcher der gesellschaftliche Druck der Mitte jene am Rand noch weiter nach außen drängt. Dies kann gefährlich sein. Besser ist es jene vom Rand einen Ausgleich zu schaffen.

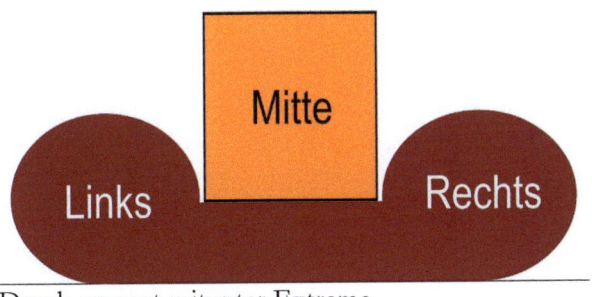

Druck erzeugt mitunter Extreme

Ein Übermaß an Liebe zu der einen Sache, kann zu Hass auf das andere führen. In dieser Ausprägung entsteht Hass aus einem Zusammenspiel aus Liebe und Angst. Natürlich ist nicht immer Liebe die Ursache für Hass. Die Wurzeln des Hasses sind mannigfaltig.

Nichts macht den Mensch argwöhnischer, als wenig zu wissen. (Francis Bacon)

Oder anders gesagt; Wissen wirkt gegen alle Vorurteile. Man denke nur an Vorurteile gegen Asylbewerber. Jene mit den wenigstens Kontakt haben die meiste Angst und die meisten Vorurteile. Vielleicht liegt es an negativen Kontakten. Das kann ich nicht beurteilen. Ich weiß aber, dass die Angst vor etwas größer werden kann als die 'Wahrheit'. Ich erinnere mich da noch an ein Erlebnis in einem Supermarkt, der keine Kunde liebt. Dort wollte man nach meiner Ansicht, meine Tasche durchsuchen, weil ich gerade Arbeitsklamotten anhatte. Diese sahen natürlich entsprechend dreckig und verschlissen aus. Das sind Vorurteile, man wird wegen seines Aussehens oder seiner Kleidung vorverurteilt. Positive Vorurteile habe ich vor einigen Jahren in Indonesien erlebt, wo ich als Europäer automatisch als reich galt. Zwei Jahre später waren die Menschen schon besser an Europäer gewöhnt und hatten eine andere Erfahrung gemacht. Reisen bildet bei solchen Erfahrungen wirklich.

Schon im vorhergehenden Kapitel wurde kurz auf Islamisten als eine bestimmte Ausprägung des Fundamentalismus eingegangen. Fundamentalisten sind im Zusammenhang mit Hass vom Grundwesen gleich, dem Hass auf alles, was nicht ihren Vorstellungen entspricht. Allerdings spielt auch hier Angst eine Rolle. Es handelt sich um die Angst vor der eigenen Unwichtigkeit oder Unzulänglichkeit. Die Angst vor dem eigenen Leben, also die Flucht vor selbigen spielt dabei bei suizidalen

Tendenzen eine signifikante Rolle. Sprich Selbstmordattentäter sind Feiglinge, die aus dem Leben fliehen und
dabei noch alle Möglichkeiten, die sie in Zukunft hätten,
wegwerfen.

Glaube ähnelt einer Krankheit, er ist übertragbar und tötet
Tausende.
(Dr. House)

Natürlich ist der Charakter des Dr. House aus der
gleichnamigen Fernsehserie sehr zynisch, aber zugleich
wagt er es Dinge auszusprechen, die andere sich nicht
trauen. Es ist zumindest Wert mal darüber nachzudenken. Es ist halt so, dass manche Menschen für ihre
Ideologie sterben oder töten. Andere verteidigen die
Einstellung gegen jede Art von Fakten und die Realität.
Auch hier kommen wohl wieder verschiedene Blickwinkel auf die Realität zum Tragen. Vor einiger Zeit schrieb
ich mal eine Geschichte und versetzte mich dafür in die
Rolle eines Rollstuhlfahrenden und versuchte nachzu-
vollziehen, welche Probleme auf einer Urlaubsreise lauern können. Diese Geschichte ist als Anhang (In den
Urlaub auf vier Rädern) beigefügt. Sich so etwas vorzustellen erweitert den Geist ungemein. Ganz im Sinne
des Sprichworts, dass man einfach mal in den Schuhen
des anderen laufen solle. Sich also in andere Situationen
hinversetzen muss, um zu verstehen, was es für Probleme gibt, die man sonst gar nicht wahrnimmt. Es hilft
manchmal, zu versuchen, sich in die Perspektive anderer
zu versetzen.

Aber vor dem Hass sollte man mal versuchen die un-
fassbare Liebe zu fassen. Liebe ist seltsam und auch
wunderbar. Ist es wirklich nur das Animalische? Die rein
biologische Funktion mit dem Ziel der Fortpflanzung.

Nein, natürlich spielt auch der Intellekt eine Rolle. Man muss sich mit dem Partner auch unterhalten können. Es muss beiden Spaß machen.

Wie kann man sicher sein, jemanden zu lieben? Man kann nie wirklich sicher sein. Zu Lieben heißt immer auch, Risiken einzugehen. Besonders das Risiko der Enttäuschung, welches immer da ist. Selbst bei Unsicherheit sollte man den Instinkten bei der Liebe vertrauen. Diese führen einen selten in eine falsche Richtung.

Wie wird aus der Liebe nun Hass? Das passiert insbesondere dann, wenn man in der Liebe enttäuscht wird. Wird man von einem potentiellen Partner abgewiesen, kann sich das schon mal in Form von Hass äußern. Besonders bei instabilen Persönlichkeiten ist dies wahrscheinlicher. Diese sind in so einer Phase besonders verletzlich und zugänglich für Ideen. Dabei gilt, Menschen sterben, Ideen aber leider nicht.

Es muss aber nicht die Liebe zu einer Person sein, die zu Hass führen kann. Auch die Liebe zu etwas, wie einer Idee, kann dazu führen, dass man alles hasst, was nicht die gleiche Liebe empfindet. Bei Religionen in ihrer extremen Ausprägung kommt dies leicht vor. Besonders, wenn man eine Religion auf ein Podest stellt. Dieses wird man nur sehr selten erreichen und dadurch meist enttäuscht. Da immer die anderen Menschen an den eigenen Unzulänglichkeiten schuld sind, steigert sich leicht der Hass auf die anderen. Man ärgert sich über sich selbst und will andere dafür büßen lassen, dass man selbst unvollkommen ist. Was natürlich einfach erbärmlich ist. Emotionen entschuldigen keine Verbrechen.

Es ist wohl so, dass jeder, der nur seinen Teil der Wirklichkeit sehen will. Bloß niemals die Wahrheit des Anderen erkennen. Ein hasserfüllter Mensch verschließt sich selbst vor den Worten der inneren Vernunft. Hass zu heilen ist dadurch so schwierig. Man muss dem Hass also zuvorkommen, bevor dieser seine Wurzeln in einen leicht beeinflussbaren Geist schlägt. Bildung ist eine Waffe gegen Hass und Angst. Denn besonders beim Menschen, der in Unkenntnis über etwas ist, entwickelt sich Angst und schließlich Hass.

Wenn ich die Nachrichten lese, macht es mich traurig, dass hasserfüllte bzw. primitive Subjekte noch immer in unserer Gesellschaft existieren. Hass auf etwas oder jemand anderes ist primitiv. Das lässt sich vielfach leicht entwicklungsgenetisch nachvollziehen. Vor Urzeiten, als die ersten "modernen" Menschen Afrika - die Wiege der Menschheit - verließen, war das in Gruppen bzw. Rudeln. Wie bei Rudeln üblich wurden Männchen aus anderen Rudeln, als Bedrohung betrachtet und deswegen bekämpft, während Weibchen wesentlich leichter Zugang zu der Gruppe bekamen. Genau dieses Rudelverhalten ist auch heute noch zu beobachten. Jeder der zu sehr anders ist, wird nur ungern ins Rudel gelassen. Bei manchen ist die Primitivität so stark ausgeprägt, dass sie zu Hass wird. Das mag vielleicht überheblich klingen, aber macht man sich seine eigene Primitivität bewusst, kann man sich weiter entwickeln. Erst dann, wenn das territoriale Verhalten aufhört, ist Frieden auf Erden in Aussicht.

Die Dummheit ist die Sonderbarste aller Krankheiten. Der Kranke leidet niemals unter ihr. Die schmerzhaft leiden, sind die anderen.
(George Orwell)

Jeder ist sich Selbst der Nächste und versucht meist zu einer Gruppe dazu zu gehören. Wie bei den Urmenschen hat dieses Rudel eine Art Schutzfunktion und soll Geborgenheit geben. Besonders, wenn es einer Gruppierung schlecht geht, wird diese jemand anderes die Schuld geben. Vielfach gewinnt man leider den Eindruck, dass man solchen gewaltbereiten Individuen zu leicht nachgibt. Dabei brauchen diese Bedauernswerten unsere Unterstützung zu verstehen, warum sie hassen. Was man auf gar keinen Fall zulassen darf, dass der Hass sich jemals wieder so seine Bahnen sucht, wie ich das in der angehängten Geschichte "Der Morgen danach" beschrieben habe.

Wenn man die Sorgen bzw. Ängste der Bürger nicht erst nimmt und dafür gesamtgesellschaftlich akzeptable Lösung schafft, könnte man dazu verdammt sein die Geschichte zu wiederholen. Dies zeigt sich sehr schön in der neuen Völkerwanderung, welche in 2015 auch als Flüchtlingskrise tituliert wurde.

Manchmal ist es auch der Hass eines einzelnen auf die Gesellschaft. Dies kann sich in Form eines Amoklaufs offenbaren. Wobei dies aber auch durch Qualen gefördert wird. Dies bringt den Hass nach außen in die Welt und verbreitet neue Angst. Dadurch kann ebenfalls in jenen, die betroffen sind, neuer Hass entstehen. Hass folgt nicht dem zweiten Hauptsatz der Thermodynamik. Hass entsteht aus kleiner 'Initialenergie' und kann ohne Zufuhr weiterer 'Energie' größer werden.

Läuft der Amoklauf organisierter ab, so könnte man von Terroristen sprechen. Man kann also auch sagen, Terroristen sind nichts als organisierte Amokläufer. Beide haben gemeinsam, dass sie Furcht sähen wollen. Schließlich tötet keine Kreatur ohne Grund, selbst der Mensch nicht. Terroristen töten dabei in der Überzeugung sie wüssten alles besser, als der Rest der Welt oder versuchen mit Bomben auf ihr Anliegen aufmerksam zu machen oder eine Gesellschaft zu destabilisieren. Besserwisser mit Bomben also. Es handelt sich um einen klassischen Mangel an Argumenten. Terroristen sind definitiv keine Märtyrer. Sie sterben aus Dummheit und weil es leicht ist deren Glauben zu manipulieren. Oder sind sie gar so schwach im Glauben, dass sie andere deswegen töten müssen? Wer tot allen Ungläubigen ruft, sollte sich fragen, ob er selbst fest in seinem Glauben ist oder er nur anderen die Schuld für die eigene religiöse Impotenz gibt. Dieses Auszunutzen ist ganz im Sinne deren, welche Gläubige für finstere Zwecke missbrauchen. Sei es durch die Versprechung eines Paradieses oder dem "Ruhm" unter seinesgleichen. Deswegen ist Wissen so gefährlich für jene, die Glauben als Machtbasis verbreiten wollen. Das erkennt man daran, wie Schulen angegriffen werden. Dabei sind Schulen wichtig für Frieden und Zusammenleben. In der Schule lernt man etwas, was einem später Arbeit gibt. Arbeit ist die beste Waffe gegen Extremismus. Denn Arbeit führt zur Zufriedenheit und Zufriedenheit mindert Extremismus. Genauso idiotisch wie Schulen zu zerstören ist es geschriebenes Wort zu verbrennen, denn es enthält Wissen.

Ihr im Stechschritt marschierenden Idioten solltet diese Bücher lieber lesen, anstatt sie zu verbrennen!
(Henry Jones in Indiana Jones III)

Nur zu wahre Worte. Wissen ist wichtig, man muss sich dieses nur erschließen können. Wie man das Wissen anwendet, sollte aber jedem selbst überlassen bleiben. Solange dadurch nicht andere in Mitleidenschaft gezogen werden.
Es sind eher die Ideen in manchen Köpfen die man 'verbrennen' muss und nicht Bücher. Das 'Verbrennen'

der Ideen nicht mit Feuer, sondern mit Wissen. Zum Beispiel dem Wissen darum, das es den Extremisten auch nur um Macht geht. Selbst wenn es sich bei den Büchern um scheinbar Trivialliteratur wie Comics handelt. Etwas zu verbrennen, weil man es nicht versteht, ist ein Zeichen von Ignoranz und Verschlossenheit.

Im Endeffekt geht es bei allem immer nur um Macht oder den Mangel an selbiger. Es ist eine ganz besondere Gier und Gier ist unabhängig von der Ideologie.

Eng Hand in Hand gehen Gier und Neid. Besonders, wenn andere etwas schaffen und die Neider nicht erkennen, wie viel Arbeit darin steckt. Wie ruiniert Reichtum die Welt? Ist es nicht der Neid, der die Welt ruiniert? Die Angst und der daraus resultierende Hass? Was würde eine beliebige Person anders machen, wenn sie so ein Vermögen hätte? Was hindert die Person daran, selbst reich zu werden? Reichtum macht keine besseren oder schlechteren Menschen. Es ist immer die gleiche Person. Reichtum legt manchmal nur die wirkliche Persönlichkeit frei.

Es ist bedauerlich, wenn Menschen, die nicht einmal geradeaus denken können, geschweige denn um Ecken, versuchen die Ideen und Leistungen anderer kaputt zu machen, weil sie selbst nichts zustande bringen.
(Der Autor)

Der Glaube an die eigene Überlegenheit äußert sich als Mobbing oder auch als Alpha-Gehabe. Es geht dabei um Selbstprofilierung auf Kosten anderer. Wird der andere gemobbt, geht es einem selbst nicht so. Es könnte natürlich auch eher Angst vor den eigenen Unzulänglichkeiten sein, als Hass. Die Grenzen sind da teilweise fließend. Ein Opfer findet sich von Selbst. Sei es durch persönliche Vorlieben und Abneigungen und zu wenig Gegenwehr. Oder einfach, weil jemanden aufgrund früherer Erfahrungen die Nase nicht passt. Gegenwehr ist hier zwingend notwendig, denn ist man ruhig und 'haut' nicht zurück, wird man zum Opfer. Dies ist praktisch wie ein Mikrokosmos, der die globale Gesellschaft widerspiegelt. Denn auch Staatslenker greifen mit Diplomatie oder Waffen andere Länder zugunsten ihres eigenen an. Zugunsten des eigenen Rudels, denn auch Staaten lassen sich prinzipiell als Rudel betrachten.

Wie bereits gesagt, ist Hass ebenfalls in jenen, die Menschen aufgrund ihres Äußeren bzw. ihrer Herkunft ablehnen. Teils ist es Ignoranz und Unwissenheit, teilweise einfach nur Dummheit. Schließlich ist Überlebensfähigkeit der Nachkommen mit Partnern aus größerer Entfernung größer. Durch diese Vielfalt ist eine Spezies besser auf Gefahren eingestellt. In der Natur sind auch Baumschonungen mit Monokulturen am anfälligsten für Krankheiten. Trifft es einen, trifft es alle. Wer glaubt Monokulturen wären Überlegenheit, hat keine Ahnung. Nicht überleben ist das primäre Ziel, sondern sich erfolgreich fortzupflanzen und die Spezies zu sichern.

Die Geschichte spricht eine eindeutige Sprache. Zur Zeit der großen Völkerwanderungen wurde Europa stark durchmischt. Auch die vielen Kriege brachten immer wieder neue Gene in andere Gegenden. Das ist ein Beispiel in den letzten Jahrtausenden. Geht man weiter zurück, wird Rassismus noch absurder.

Man kann getrost sagen, dass 100 % aller heute in Deutschland lebenden Menschen oder deren Vorfahren zugewandert sind. Das ist einfach eine Frage des zeitlichen Maßstabes. Einige sind zwar hier schon länger sesshaft und haben sich akklimatisiert, aber deswegen sind sie nicht besser oder schlechter. Es gibt halt, wie in jeder Gruppe, immer wieder einige negativ auffallenden Elemente. Das ist aber in jeder ethnischen Gruppierung so. Damit muss man einfach umgehen lernen.

Es ist mittlerweile weitestgehend sicher, dass die Wiege der Menschheit Afrika war. Das heißt, alle Menschen stammen auch von da, egal wie sie heute aussehen. Das sind nur leichte Adaptionen an die Umgebung.

Sich in einer globalen Welt auf Ablehnung aufgrund kleiner Unterschiede zurückzuziehen, ist meist eine Flucht in den Hass aufgrund eigener Unzulänglichkeiten.

Dabei gilt immer die Gleichheit der Ungleichheit. Jeder Mensch ist anders. Keiner ist genau so wie der andere. Diese Unterschiede bringen neues hervor. Anstatt zu hassen sollte man die Unterschiede nutzen und aus ihnen lernen.

Glaube an sich ist nicht unbedingt schlecht. Leider führt er häufig zu Extremismus. Selbst Religionen, die Frieden predigen, bringen Menschen hervor, die Hass leben. Man denke nur an Terroristen in Irland. Wobei es auch Theorien gibt, die besagen, dass auch die Ursprünge des Christentums deutlich weniger friedfertig waren, als man glauben machen will. Das muss aber wohl jeder selbst beurteilen. Leider gibt es überall, die bereits mehrfach erwähnten Extremisten, die sich aus ihrer vermeintlichen Unwichtigkeit erheben wollen.

Diese gestörten Individuen suchen sich häufig Gruppen. Sie verbreiten Angst, um ihre Botschaft weiterzugeben, und versuchen damit die Welt zu erschüttern. Sie glauben, sie könnten, unsere demokratische Freiheit mit Anschlägen erschüttern. Leider gelingt dies auch bei einigen ängstlichen Individuen. Auch hier entsteht neuer

Hass. Dabei sind der Straßenverkehr und die Umwelt-zerstörung viel bedrohlicher als jeder Terrorist.

Es nützt nichts eine Pflanze oberirdisch zu entfernen, wenn die-se aus den Wurzeln jederzeit neu ausschlagen kann.
(Der Autor)

Ich wähle meinen Weg jedenfalls selbst und lasse mir keinen von Terroristen aufzwingen. Man darf sich hier fragen, warum die Presse so intensiv mit Terroristen und Extremisten kollaboriert. Die Presse ist da leider viel zu häufig Handlanger von Terroristen. Es geht mit-unter eher um verkaufte Exemplare als um Aufklärung. Besser ist es, sich zu informieren. Es drohen viele tödli-che Gefahren im Leben, aber es kommt immer darauf an, diese realistisch einzuschätzen. Was ist zum Beispiel tödlicher: Tabaksucht oder Terroristen? Tabaksucht ist tödlicher, aber trotzdem wird dem Terror mehr Auf-merksamkeit geschenkt, weil er akuter ist und das ande-re eine schleichende 'Vergiftung' darstellt.

Terroristen sind eine harte Prüfung für unsere Demo-kratie, aber eine, die wir überstehen werden. Bei einer Entscheidung zwischen Extremismus und Demokratie bzw. Freiheit des Individuums, darf der Extremismus nicht die Oberhand gewinnen. Für sich selbst kann von mir aus jeder die eigenen Regeln praktizieren aber an-sonsten gelten nur die Gesetze des Landes. Da könnte ja jeder kommen und eigene Gesetze aufstellen. Die Re-ligionsfreiheit hört in Deutschland, bei den anderen Rechten und Pflichten des Grundgesetzes auf.

Insbesondere bei solche Sachen wie 'Ehrenmorden' sollte man an die Gesetze des Landes denken. Des Wei-teren ist ein wichtiger Grundsatz: Ehre ist das Einzige, was einen niemand nehmen kann, solange man sich ehrenhaft verhält. Sprich, man gibt seine Ehre selber auf durch Mord und erlangt keine durch unehrenhafte Taten. Wobei man bedenken sollte, dass es eine Tradition von 'Ehrenmord' früher auch in Deutschland bzw. Europa gab. Man nannte diese Duelle.

Es gibt keinen wahren Weg, sondern nur den für einen selbst richtigen. Regelmäßig sollte man sich folgendes durch den Kopf gehen lassen. Tritt einen Schritt zurück und sieh dich selber an. Gefällt dir wirklich, was du siehst? Wenn nicht, DANN ÄNDERE DICH!

Abschließend sei erneut gesagt, dass Hass ein Zeichen der niederen Instinkte ist.

Warum Wissen so wichtig ist

Wissen ist wichtig, weil Verständnis Türen öffnet. Mit Wissen hat man einen Vorsprung in der soziokulturellen Evolution. Die Regeln der Wildnis gelten leicht abgewandelt auch in unserer 'Zivilisation' fort.

Wissen ist der Zugang zu Geld und Geld der Zugang zu weiterem Wissen, Macht, Ansehen und immer weiteren Möglichkeiten. Bildung ist deswegen die Währung der Zukunft und Wissen die wirkliche Macht. Schließlich wird Wissen durch Teilung mehr. Dabei ist das größte Problem dieser Welt, dass zu viele Menschen etwas glauben und Dinge annehmen ohne zu Wissen.

Stehe ich über all dem, weil ich es besser verstehe? Das ganz bestimmt nicht. Natürlich sollte man sich von der Macht des Wissens nicht zu Eitelkeit und Stolz verleiten lassen. Zu leicht blendet diese Macht dann jene, welche sie benutzen und verleitet zur Irrglauben der Unangreifbarkeit.

Das ist ein armseliger Schüler, der seinen Lehrer nicht übertrifft.
(Leonardo Da Vinci)

Das am besten angepasste Individuum zeichnet sich durch umfassendes Wissen plus guter Instinkte aus. Wobei Instinkte aufgrund von Wissen zumindest teilweise kompensiert werden können. Andersrum ist es da schon deutlich schwieriger.

Man lernt jeden Tag etwas Neues, wenn man die Augen offen hält. Da kann man sogar noch Wissen aus dem Fernsehen ziehen. Selbst das seichteste Programm hat, wenngleich wenig, Wissen in den Sendungen. Manchmal versteht man aber auch einfach nur das menschliche Verhalten besser. Es hängt eigentlich nur von der Person ab, welche zusieht. Ob sie bereit und fähig ist Wissen aus 'Unterhaltung' zu extrahieren.

Habe Mut, dich deines eigenen Verstandes zu bedienen!
(Immanuel Kant)

Logik und Wissen sind Schlüssel zum Verstehen. Man bedenke, dass Logik ein mächtiges Schwert, aber auch ein stumpfes Messer sein kann. Je nachdem wer sie verwendet. Intelligenz zu haben ist für Logik und Verständnis zwingend notwendig und auch ein ausreichendes Training für die Intelligenz. Häufig kommt das Training der Intelligenz in der Jugend und Kindheit zu kurz. Logik benötigt für die richtigen Schlüsse, auf jeden Fall genügend Fakten.

Wer wenig denkt, irrt viel.
(Leonardo Da Vinci)

Für Naturwissenschaftler gibt es kein richtig oder falsch, sondern nur die Beobachtung und deren Erklärung. Sonstige Wissenschaftler versuchen meist alles in starre und semilogische Regeln zu pressen. Es gibt natürlich Ausnahmen. So ziemlich jede Regel und Gesetzmäßigkeit hat Ausnahmen. Wenn man die Regeln und Gesetzmäßigkeiten kennt, kann man sich auch die Ausnahmen vorstellen.

Um seine Umgebung zu verstehen muss man sich die Natur der Dinge bewusst machen. Wer die Ursachen kennt, versteht die Wirkung besser. Selbst aus Zweifeln kann dabei noch Erkenntnis erwachsen.

Wissen um die Geschichte zeigt einem die Welt mit allen ihren Möglichkeiten. Die Zukunft versteckt sich in der Gegenwart und Vergangenheit. Deswegen sollte man auch aus der Geschichte lernen. Nur so kann man die Zukunft erkennen. Ich vermute, Nostradamus hat es genauso gemacht. Er studierte die Natur der Menschen und die Geschichte und wusste, dass sich bestimmte Muster immer wiederholen. Wer die Vergangenheit versteht, kennt auch die Zukunft. Das noch schön vage abgefasst und man ist quasi unsterblich.

Unsere Vergangenheit können wir nicht mehr bestimmen, denn sie ist für uns vergangen, nur wohin uns der Weg führt können wir wählen. Die Kenntnis der Geschichte hilft uns, wie gesagt, dabei diesen Weg zu navigieren. Alles wiederholt sich in unendlicher Kombination.

Die Anpassung an die Umgebung muss gleich schnell oder sogar schneller sein, als sich die Umgebung ändert. Ansonsten gerät man ins Hintertreffen und wird nur schwerlich noch aufholen. Die notwendigen Anpassungen kann man aus der Geschichte ableiten. Aber man bedenke, dass wer ums Überleben kämpft, natürlich nicht ans Morgen denkt. Gerade deswegen müssen jene die genug haben um satt zu sein den anderen helfen.

Die wenigsten Menschen denken vorausschauend, meist nicht mal im Hier und Jetzt. Gerade deswegen ist es wichtig, zu verstehen, warum etwas passiert und das die Reaktionen von anderen mit dem eigenen Verhalten Zusammenhängen.

Natürlich kann auch die Perspektive einer Person eine ganz anderen sein. Das kulturelle Umfeld hat da einen großen Einfluss. So gibt es selbst bei der Zeit unterschiedliche Auffassungen. Man spricht von monochronen und polychronen Kulturen. Die einen planen in linearer Abfolge die Geschehnisse, die anderen sehen Zeit als unbegrenztes Kontinuum. Die Polychronen geben dem menschlichen Miteinander eine größere Bedeutung. So gibt es weitere kulturelle Eigenheiten, die Konflikt in sich bergen. Die eine Kultur legt mehr Wert auf den Inhalt einer Botschaft und die andere mehr auf den Kontext, in dem sie überbracht wird (z.B. sachlich oder wütend). Weiß man nicht um diese kulturellen Unterschiede kommt es schnell zu Konflikten.

Nur Träumer haben die Macht die Welt zu verändern, die anderen Leben nur. Grundlagen für Träume sind immer Wissen. Ohne Wissen und Erfahrungen würden wir nicht träumen. Selbst wenn, wären diese Träume, wie graues Rauschen und ohne Inhalt. Je weiter das Wissen ist, desto größer und komplexer werden die Träume.

Wissen gibt einem eine völlig andere Perspektive. Die eigene Perspektive ist dabei großem Wandel unterlegen. Je nach Entfernung zu einem 'Objekt' wandelt sich auch die Perspektive. Von weitem sieht alles kleiner aus, als es in physikalischer Hinsicht ist. Unsere Wirklichkeit wird von der Perspektive gestaltet. Weswegen jegliche Suche nach 'der Wahrheit' bei mehr als einer Person unweigerlich ins Chaos führt. Jede Person definiert die Wahrheit aufgrund ihres eigenen Vorwissens und schafft sich eine eigene Wirklichkeit, die nicht mit der physikalischen Wirklichkeit zu tun haben muss.

Jeder hat seine eigene Wahrheit, welche auf individuellen Erfahrungen basiert. Hat jemand zum Beispiel mehrfach mit einer Person bestimmten Vornamens schlechte Erfahrungen gemacht, so wird er bei der nächsten Person dieses Namens, die gleiche Erfahrung erwarten. Die persönliche Perspektive legt über alles einen Schleier der Färbung. So kann es nie eine absolute Wahrheit geben.

Die Erinnerung fängt die Wirklichkeit niemals ein. Die Erinnerung rekonstruiert. Alle Rekonstruktionen verändern das Original und werden zu einem äußerlichen Bezugsrahmen, der unausweislich danebentrifft.
(Frank Herbert)

Keine Quelle ist unabhängig. Jeder hat seine eigene Agenda und damit angepasste Perspektive. Wenn man die Hintergründe der Perspektiven nicht kennt, versteht man auch die Ansicht einer Person nicht. Die Menschen sitzen bei allem immer im Gefängnis ihrer ureigensten Bedürfnisse.

Wissen ist Macht. Deswegen sind die Gesetze mit jenen, die sie verstehen und auch durchsetzen. Ein Gesetz muss nicht nur da sein, sondern auch durchgesetzt werden. Ansonsten ist es wirkungslos.

Die Mächtigen sehen die Suche nach Erkenntnis nicht gerne, denn dies könnte sie ihre Macht kosten. Deswegen versuchen sie die Forschung zu kontrollieren. Man denke in diesem Zusammenhang nur an Galileo und die Kirche. Macht fürchtet neue Ideen und Änderungen. Deswegen wurde auch die Political Correctness erfunden. Sie ersetzt ein Wort durch ein anderes, ohne wirklich etwas ändern zu müssen. Das ist bequem und einfach. Es ist eine Ausrede, weil man keine klaren Worte findet aus Angst vor irgendwelchen negativen Konsequenzen.

Ein Geheimnis zu verstecken bewahrt es nicht auf Dauer. Stellt man ein Geheimnis dagegen an die Öffentlichkeit, so dass es keiner als Geheimnis wahrnimmt, so ist es auf ewig geschützt. Genau aus die diesem Grund muss man alles in Frage stellen. Nichts ist der letzte Stand, denn dieser verändert sich ständig. Deswegen trägt dieses Buch derzeit auch den Titel 'Alles 2.0' um genau diesen Umstand zu betonen.

Zum Schluss dieses Kapitels sei noch gesagt das Wissen gut ist, aber Weisheit natürlich noch besser ist. Anders gesagt: 'Der weise Mann formt sich selbst, der Dummkopf lebt nur, um zu sterben'. Um dieses Ziel zu erreichen hilft es, sich die eigenen unbewussten Handlungen ins Bewusstsein zu rufen. Man sollte sich immerzu die Frage stellen, was man mit einer Handlung erreichen wollte. So kann man die eigene Motivation erkennen.

Der Weg zur Weisheit führt weiter, als sich ein starres Ziel zu setzen. Deshalb sollte man zwar ein Ziel nie aus den Augen lassen aber unterwegs auch den einen oder anderen Abstecher unternehmen. Um den Weg fortzusetzen hilft es die Ziele regelmäßig zu erneuern.

Und man sollte nicht immer nur ausgetrampelten Pfaden folgen. Menschen machen dies häufig. Ist schön zu beobachten an Stellen, wo zwei Rolltreppen in die gleiche Richtung laufen. Die meisten Menschen werden jene nehmen, auf welche schon viele andere sind, anstatt die andere, wo kein Gedrängel ist. Das ist der in uns allen verankerte Herdentrieb. Wer sich dessen allerdings bewusst ist, kann diesen umgehen.

Handeln und etwas ändern

Apathisch irgendwo sitzen und etwas zu beobachten ändert nichts außer einen selbst. Solange man nicht interagiert wird sich auch nichts ändern. Da kann man sich noch so viel beklagen. Was nützt es, sich über etwas aufzuregen, wenn man nicht versucht, es zu ändern. Das ist verschwendete Energie, die man besser investieren kann. Obendrein kann Inaktivität dazu führen, dass die 'Kosten' im Endeffekt deutlich höher werden, als wenn man zu Beginn bereits etwas getan hätte. Apathie, kann einen also sogar richtig teuer zu stehen kommen, wie man an vermeintlichen Einsparungen sehr gut sehen kann. Verzögert man eine Reparatur, wird diese meist um ein Vielfaches teurer. Eine Billigreparatur führt viel schneller zu Folgereparaturen. Ein Billigkauf nötigt viel schneller dazu etwas ersetzen zu müssen, sodass man im Endeffekt draufzahlt. Genauso ist dies auch mit Apathie. Erst einmal muss man nichts tun, aber dann muss man um so mehr machen.

Durch Beobachten kann man natürlich zwar nichts ändern, aber durchaus die geistigen Grundlagen schaffen für Veränderung. Es ist wichtig immer für Veränderungen und das neue bereit zu sein, denn Leben ist ständiger Wandel. Ständig neue Situationen. Zu sagen 'da kann ohnehin keiner was dran ändern', ist eine Lemmingeinstellung. Man kann immer etwas ändern. Ist einfach eine Frage, wie man an eine Sache herangeht. Direkt aufzugeben nur weil etwas schwierig ist, finde ich jedenfalls daneben. Schwierigkeiten sind doch gerade das Salz in der Suppe des Lebens. Und selbst wenn man die Umstände nicht ändern kann, kann man seine Einstellung ändern. Wobei sich die Umstände meist ändern lassen. Nichts zu tun hilft gar nichts. Etwas tun lässt einem zumindest alle Möglichkeiten offen.

Sein bedeutet machen.
(Philipp K. Dick)

Natürlich hilft hier auch Verständnis wieder enorm, die Dinge zu durchschauen. Hinter die Gründe zu blicken, alles hängt zusammen. Die Natur unserer Umgebung mit unserer eigenen Natur. Und wir können von der Natur viel lernen.

Wenn auch der menschliche Geist durch vielfache Erfindungen mit verschiedenen Instrumenten auf dasselbe Ziel zugeht, nie wird er eine Erfindung machen, die schöner, leichter und kürzer wäre als die Natur.
(Leonardo Da Vinci)

Nicht ohne Grund wird heute vielfach versucht, die Natur nachzuahmen. Besonders bei Werkstoffen ist dies weit verbreitet. Man schaut sich von der Evolution die Ideen ab, welche bei dem langen Prozess des Probierens besonders gut funktioniert haben. Sei es nun die Spinnenseide oder der Panzer eines Krebses.

Im Endeffekt ändert nur die Tat etwas. Der Wunsch etwas zu ändern kann noch so groß sein. Folgen aus dem Wunsch keine Handlungen, so ändert sich auch nichts. Was man will, passiert nicht immer, aber ohne Versuch geschieht es nie. Nur Tatkraft und Initiative sind dafür notwendig. Damit ist es, wie mit der Startenergie, welche man braucht. Zum Beispiel beim Beginn einer Fahrt mit dem Fahrrad. Am Anfang benötigt man viel Energie, um das Fahrrad erst einmal zum Rollen zu bringen, aber sobald Geschwindigkeit erreicht wurde, muss nur noch wenig Energie zur Aufrechterhaltung aufbringen.

Wenn der Wind des Wandels weht, bauen die einen Mauern, die anderen Windmühlen.
(Chinesische Weisheit)

Jeder Mensch gestaltet seine Umwelt, durch sein Verhalten und Handeln anderen gegenüber. So wie man sich verhält, so wird die Erwiderung ausfallen. Schreit man sein Gegenüber an, so wird dieses häufiger zurückschreien, als wenn man ruhig und sachlich bleibt.

Besonders die Mächtigen mögen Veränderung nicht. Der Veränderung haben sie die Bürokratie entgegengesetzt. Denn jede Verbesserung, die nicht von ihnen ausgeht, lässt sie in den eigenen Augen schlecht aussehen.

Der Wunsch zur Veränderung ist in uns allen. Allerdings ist es unmöglich, alles auf einmal zu ändern. Wie eine Wanderung geht es nur Schritt für Schritt. Eine Handlung nach der anderen. An jedem Punkt ist dabei Zeit innezuhalten und den Kurs zu korrigieren. Logik dient dabei meist als brauchbarer Ansatz. Allerdings sollte nie die holistische Sicht außen vor bleiben, die man als erweiterte Logik betrachten kann. Jeder kann etwas ändern und bewegen. Selbst ein Berg kann wie erwähnt Stein für Stein versetzt werden. Der Aufwand ist natürlich für große Taten auch höher aber im Ergebnis auch viel lohnender.

Man weiß trotzdem vorher nie, ob eine Handlung zu der gewünschten Änderung führt. Allerdings es nicht zu versuchen wäre für mich unerträglich. Ansonsten kann man die Handlung als neue Erfahrungen annehmen und es auf anderem Weg probieren.

Ein Sehender, sieht den Baumstamm, der ihn blind macht.
(Der Autor)

Intelligenz ist die wesentliche Überlebenseigenschaft des Menschen. Sie begründet die enorme Anpassungsfähigkeit. Deshalb erscheint es in evolutionärer Hinsicht sinnvoll, dass jene denen diese Fähigkeit fehlt, der natürlichen Auslese zum Opfer fallen.

Carpe Diem Quan Minimum Credula Postero (dt. Nutze den Tag und vertraue so wenig wie möglich auf die Zukunft.)
(Horaz)

Jede Handlung hat Auswirkung auf uns und unsere Umgebung. Einiges kann man vorhersehen und anderes wiederum auch nicht. Man lernt aber aus allem.

Lust

Es ist ein Mysterium, wie die Menschen Lust verachten können. Diese gar als etwas Unsittliches betrachten, aber gleichzeitig lieben es die meisten trotzdem. Einige Religionen verdammen die Lust, dabei ist diese sehr eng mit der Liebe verbunden. Zumindest der Liebe zwei oder mehr Personen in einer Beziehung zueinander. Wobei natürlich jede Beziehung ständige Arbeit bedeutet, um diese aufrecht zu erhalten. Letztendlich ist jede Beziehung ein Geben und ein Nehmen. Die gilt auch für die Lust, wer immer nur nimmt, wird nie etwas Langandauerndes schaffen.

Warum wird Sexualität (körperliche Liebe) für unmoralisch gehalten, während Gewalt bereits ab 12 Jahren oder sogar noch früher eine Unterhaltung darstellt? Mich kotzt jedenfalls eine Gesellschaft an, die Gewalt okay findet aber gleichzeitig Sex als verwerflich betrachtet.

Was ist das zum Beispiel für ein Mensch, der es nicht schafft, mit seinen Kindern über die Homosexualität zu reden? Ist doch egal, wer wen liebt. Liebe ist etwas Wundervolles. Wenn mehr Liebe in der Welt wäre und weniger Hass, wäre vieles besser. Egal nun ob Hass, Angst oder Abneigung gegen eine von der eigenen vermeintlichen Norm abweichenden Liebe oder Hass, weil die "Liebe" von anderen nicht geteilt wird.

Liebe und Sexualität ist in einer Partnerschaft eng miteinander verknüpft. Dabei kennt Liebe kein Geschlecht. Und dennoch wird gelebte Liebe und Sexualität verdammt, während Gewalt von Medien als Unterhaltung zelebriert wird, als wäre es was ganz Tolles. Dabei gilt, dass erst wenn man sich von Angst und Hass befreit, man wahrhaftig lieben kann. Jene die am meisten Abneigung gegen Homosexualität zeigen, haben häufig selbst diese Tendenzen oder sind sich zumindest ihrer Sexualität unsicher. Sie haben Angst, dass jemand dies erkennen könnte.

Es erscheint absurd, dass eine Religion, wie beispielsweise, dass Christentum die Lust verdammt, obwohl so viele Passagen von Liebe handeln. Oder hat hier gerade die Lust hassende Sichtweise einiger mehr oder weniger aufrechter Abstinenzler das Bild geprägt? Einiger sauertöpfischer alter Männer, welche selbst keine Lust erleben dürfen und deswegen diese alle anderen verbieten?

Kein Mensch kann sich von der Lust befreien, welche aus dem Fortpflanzungstrieb resultiert. Dies ist einfach nicht möglich, weil dieser Trieb fest in unsere Gene eingebaut ist. Selbst, wenn man diesen unterdrücken sollte, so ist das keine Befreiung, denn auch durch die Unterdrückung der Triebe büßt man Freiheit ein. Man muss einen gesunden Weg zum Ausleben finden, der andere nicht schädigt. Insbesondere, wo nach der Bibel einem der Gott genau diese Organe gegeben hat, mit allem Verlangen, was diesen inhärent ist. Zu sagen, dass Sex böse ist, wäre somit sogar höchst blasphemisch.

Wobei verbieten sie wirklich alle Lustformen? Es gab zumindest früher die Selbstgeißelung, welche eigentlich eine Bestrafung darstellen soll, allerdings zeigt sich, dass bei Masochisten so etwas durchaus einen Lustgewinn darstellt. Also sind jene wirklich so vor Fleischeslust gefeit?

Dann gibt es noch die religiöse Ekstase, bei der man ein unglaubliches Gefühl der Vollkommenheit und Einssein erlebt, allerdings ist diese Empfindung dem Orgasmus nicht ohne Grund so unähnlich, da die biochemischen Vorgänge sich stark gleichen. Man kann also quasi einen Orgasmus auch ohne Sex haben.

Dennoch wird nun der eine oder andere sagen, dass Sex oder Lust eine Sünde sei. Warum soll es eine sein? Weil man ein Teil der Kontrolle abgibt? Oder einfach nur, weil die Gesellschaft so erzogen wurde und nichts Beständiger ist, als eine unsinnige Tradition?

Man bedenke nur. Sex in der Öffentlichkeit wird bestraft, wenn sich jemand gestört fühlt. Bei Gewalt in der Öffentlichkeit wird nichts unternommen, wenn sich nicht ein Beteiligter, wegen Körperverletzung an die Polizei wendet. Dann kann die Polizei einfach nur dastehen und zuschauen. Es ist halt kein Verbrechen sich auf offener Straße zu verprügeln, wenn man dabei keine Gesetze übertritt. Wobei verprügeln ja, wie zum Beispiel beim Boxen, sogar eine Form von Sport darstellen soll. Gewalt ist allgegenwärtig und dennoch wird Sex, obwohl dieser auch allgegenwärtig ist, als anrüchig betrachtet.

Der Exhibitionist soll angeblich andere zum Teilnehmer sexuellen Geschehens machen. Ist dies bei einer Schlägerei auf öffentlicher Straße in Hinblick auf Gewalt genauso. Ich will mir keine Schlägerei anschauen, trotzdem wird hier ohne Möglichkeit der Gegenwehr mein psychisches Wohlbefinden verletzt, wobei dies auch an vielen anderen Stellen, wie etwa Fluglärm der Fall. Oder sogar das Rauchen, was für Kinder ein schlechtes Vorbild ist und dies so schädigt. Auch dies alles verletzt das psychische Wohlbefinden und trotzdem ist er nicht verboten. Oder halt ekelige Gerüche. So gesehen müsste man ziemlich viel verbieten, weil es das psychische Wohlbefinden verletzen kann. Das hier gerade Sex bzw. Nacktheit gewählt wird, hat wohl eher mit anerzogener Intoleranz gegenüber von Sex und Nacktheit zu tun.

Wie kann jemand der Auffassung sein, dass Sex böse ist und Gewalt gut? Mit welchem Maßstab wird hier gemessen? Mit einem, der sagt, dass Gewalt okay und Sex böse wäre? Was schädigt die Jugend mehr. Verharmlosende Gewaltfilme oder explizite Erotik? Schließlich könnte sogar ein Film, der mit scheinbar harmloser Gewalt daher kommt und suggeriert eine Prügelei wäre etwas spaßiges, zu Gewalt animieren. Während eine nackte Brust bei Filmen zum Beispiel schon zu einer höheren Einstufung führt, obwohl es ein ganz normaler Körperteil ist, wird Gewalt in Filmen und auch das Töten schon viel jünger erlaubt. Damit wird der Gesellschaft gezeigt, dass Gewalt in Ordnung ist, Sex und Nacktheit aber schlimm. Dabei ist Letzteres weniger schädlich als eine Verharmlosung von Gewalt, wie sie in vielen Filmen gezeigt wird. Oder gar beim Sport. Das Kämpferische beim Sport ist ganz sicher Gewalt. Wird aber trotzdem gutgeheißen, während sich sicherlich kein Stadion wegen Sex füllen würde, wenn man diese Veranstaltung überhaupt genehmigt bekäme.

Wobei Gewalt und Sexualität ja teilweise Hand in Hand gehen. Wie zum Beispiel bei den Werberitualen in der Natur, wo zwei männliche Tier um das Weibchen kämpfen.

Kampfsport kann man fast überall lernen, aber was wäre es für ein Skandal, wenn es Sexschulen geben würde, wo man lernt, wie man den Partner befriedigt und seine Liebe und Zuneigung durch Intimität ausdrückt? Wie würde eine Welt aussehen, wenn Gewalt so geächtet wäre, wie die Lust und dafür die Lust gesellschaftlich akzeptiert?

Es ist und bleibt absurd, dass eine abzulehnen und das andere sogar als Unterhaltung zu fördern. Zumal viel Gewalt, insbesondere sexuelle Gewalt aus dem Umstand erwächst, dass nie ein adäquater ungezwungener Umgang mit Sexualität gelernt wurde. Dies ist insbesondere für stark tabuisierende Gesellschaften wissenschaftlich belegt. Ebenso sexueller Frust in der Ehe resultiert aus dieser vollkommen unnötig gesetzlich geschützten Schamhaftigkeit. Denn, wenn man aus Scham nicht über so etwas spricht und nie lernt, wie man den Partner befriedigt, kann der Frust sogar in Gewalt umschlagen. Die soziologische Komponente von Schamhaftigkeit ist vielschichtiger, als sich so mancher Politiker vielleicht träumen lässt.

Man könnte nun auch postulieren, dass Gewalt aus unterdrückter Lust resultieren kann. Oder halt nicht ausgelebter Lust. Seien es nun jene die homosexuell sind, aber sich es aus welchen Gründen auch immer nicht eingestehen wollen oder Menschen, die speziellere Vorlieben habe, welche sie nicht ausleben können.

In einem Buch las ich mal die Hypothese, dass Adolf Hitler schwul gewesen wäre und sein Verhalten aus der Unterdrückung dieser Seite resultierte. Man kann hierüber gar trefflich spekulieren. Wobei es natürlich auch seinen kann, dass er Viagra gebraucht hätte. Das Hass und Gewalt nur Kompensationshandlungen waren, getrieben von der Angst, man könnte seiner Impotenz auf die Schliche kommen.

Für Computerspiele z.B. wird nach jedem Amoklauf eine Gesetzesverschärfung gefordert. Seltsam, dass dann öffentliche Liebe verboten ist, während Gewalt in der Öffentlichkeit erlaubt bleibt, was u.U. mehr zur Verrohung beiträgt, als jeder Film und jedes Spiel.

Dann gibt es noch die Hemmungen beim Sex durch anerzogene Scham, obwohl Sex, Lust und Liebe ganz natürlich zum Körper gehören, wie das Essen. Wie kann jemand über Liebe sprechen, der nie geliebt hat und es dann auch noch für böse erklären? Dabei führt so eine anerzogene Scham dazu, dass man nicht offen über die

Bedürfnisse der eigenen Lust spricht. Wer weiß wie viele Beziehungen schon daran zerbrachen oder wie viele Ehebrüche zustande kamen, weil die Partner nicht offen über ihre Gelüste sprachen. Verschwiegen, was sie wollten in fehlgeleiteter Rücksicht.

Allerdings ist es wichtig, sich nicht komplett nur den eigenen Sehnsüchten hinzugeben, denn dies engt die Möglichkeiten teilweise stark ein. Sei es bei der Partnerwahl oder bei der Freizeitgestaltung. Lust ist ein wichtiger Teil, aber nicht das Einzige im Leben, was eine Rolle spielt. Wer sich NUR dem Genuss hingibt, verliert alles andere.

Ähnlich verhält es sich auch mit der Einstellung vieler Menschen zur Prostitution. Man würde den Körper verkaufen, wird Prostituierten zum Beispiel manchmal vorgeworfen. Ist das wirklich so, dass dies das Problem ist? Ich habe meine Zweifel daran. Zudem stellt sich die Frage, was mit Telefonsex ist. Ist dieser okay, weil man nichts Körperliches hat. Oder ist es einfach nur die Unmoral von sexuell Frustrierten, welche anderen einzureden versuchen, dass man etwas Falsches zu täte. Wenn man mal darüber nachdenkt, dann verkauft sich jeder körperlich. Sei es nun auf der Baustelle oder beim Transportieren von Speisen in einem Restaurant. Einige die überwiegend mit dem Kopf arbeiten prostituieren demnach sogar ihr Gehirn.

Prostitution kommt aus dem Lateinischen und bedeutet 'zur Schau stellen, preisgeben'. Wenn man diesen Ansatz wählt, wären wohl auch alle Schauspieler Prostituierte, dann auch hier wird der Körper zur Schau gestellt, genauso wie auf dem Laufsteg. Allerdings findet keiner diese Arbeit abwegig. Manch einer wird jetzt vielleicht sagen: Die lassen doch alle nichts in Körperöffnungen. Was ist dann mit einem Fernsehkoch, der auch vor Publikum etwas isst? Oder dem beruflichen Kaffee-schlürfer. Was ist mit den Darstellern in 'Erotikfilmen'? Die Liste ließ sicherlich endlos mit Beispielen füllen. Also warum ist die eine körperliche Arbeit verwerflich und die anderen nicht, wenn beide legal sind?

Was klar werden dürfte, ist, dass Prostitution wegen Sex abgelehnt wird und nicht aus den anderen Gründen. Andere Argumente sind allesamt nur vorgeschoben. Was insbesondere bei Frauenrechtlerinnen eher absurd erscheint. Vermutlich ist dort eher Eifersucht bzw. se-xuelle Missgunst im Spiel.

Interessant im Zusammenhang mit der Sexualität ist auch, dass Max-Planck-Forscher aus Dresden und Leip-zig einen Zusammenhang zwischen den Sexualorganen und dem Gehirn bei Säugetieren feststellten. Natürlich kann man nicht unmittelbar ableiten, dass die Gehirn-größe mit der Intelligenz einhergeht, schließlich ist es eher die Verzweigung der Neuronen. Aber einen Zu-sammenhang zwischen Lust und Intelligenz ist sicher-lich nicht auszuschließen.

Anhang - Lichtjahre

Das Leben wirft häufig die Frage auf "Was wäre, wenn ...?".

Was wäre, wenn mein Leben ein wenig anders verlaufen wäre?

Schon kleinste Änderungen in dem Gefüge, was manche als Schicksal bezeichnen, hat große Auswirkungen. Vielleicht sogar mehr als so mancher zunächst erahnen mag.

Gerüchten nach soll der Flügelschlag eines Schmetterlings den Lauf der Welt beeinflussen. Kann aber nicht auch schon ein viel kleineres Teilchen den Lauf des Lebens verändern? Sei es nun positiv oder negativ.

***

Vor einer Weile, bei einer Sonne machten sich hunderttausende Photonen auf den Weg. Ein großer Feuerball im Nichts des Weltalls. Eine Sonne strahlte sie ab. Das Photon, ein etwas zwischen Welle und Teilchen, auf dem Weg durch die Öde und Leere des Alls. Ein Quäntchen an Licht in der Finsternis.

Nahezu unbeeindruckt von der Weite und äußeren Einflüssen rasten sie ihrem Ziel entgegen. Eines dieser Photonen, reiste die vielen Lichtjahre, zu der kleinen belebten Welt namens Erde. Es durchdrang die Atmosphäre, Schicht für Schicht, bis es dann auf Leben traf.

Es war die Hautzelle eines Mannes namens Herbert Meier. Dieser war gerade auf dem Weg zur Arbeit. Es war ein herrlicher sonniger Tag. Es war ein Hochgefühl für ihn und seine Stimmung war einfach gut. Nach den düsteren Wolken der letzten Tage genoss er jeden Sonnenstrahl. Die Wärme und Behaglichkeit, die sie auf seinem Gesicht erzeugte, in der Kühle des Morgens.

Als besagtes Photon den Kern einer seiner Zellen traf, verspürte er keinen Schmerz, aber trotzdem änderte dies die Zelle. Sie begann unkontrolliert zu wachsen.

Für eine Weile ging seine Arbeit wie gewohnt voran. Die getroffene Zelle entwickelte sich weiter und begann zu wuchern.

Einige Zeit später Herbert bemerkte diesen seltsamen dunklen Fleck auf seinem Handrücken. Noch war es nicht zu spät, noch war Zeit. Herbert ging mit einer unangenehmen Vorahnung zu einem Hautarzt. Dieser besah sich den Fleck mit neutraler Mine. Er sei sich nicht sicher, verriet er Herbert, wolle aber sicherheitshalber ein Labor einschalten. In einer unkomplizierten Operation wurde die Stelle herausgeschnitten und an ein Labor gesandt.

Als Herbert nach der Operation zur Arbeit ging, hatte er noch immer die beruhigenden Worte des Arztes im Ohr. Das es in den meisten Fällen harmlos sei und es nur eine Vorsichtsmaßnahme war. Er wunderte sich allerdings, dass man auf Labor und Ähnliches meist verzichtete, wenn es nicht ernst aussah.

Einige Tag später erfuhr Herbert die Diagnose. Es handelte sich um Hautkrebs. In einer besonders fiesen Variante. Eine die bereits Metastasen gebildet hatte.

Als Herbert nach dieser Mitteilung nach Hause ging, stand er unter Schock. Selbst die wärmende Sonne erschien ihm kühl. Das innere Frösteln ließ ihn in der Nacht nicht schlafen. Verschwitzt wälzte er sich von einer Seite auf die andere, die Augen gerötet. Er war erst Mitte 20 und hatte noch so viele Pläne. Es durfte einfach noch nicht vorbei sein.

Schnellstens suchte er einen Onkologen auf und dieser führte eine Reihe weiterer Tests durch. Herbert hatte beschlossen zu kämpfen. So einfach würde er nicht aufgeben. Mit einer speziellen Kombination aus Strahlung und Medikamenten gab es eine gute Chance sämtliche Krebszellen aus seinem Körper zu entfernen. Er begann schnellsten mit der Therapie.

Als die Schwester mit der ersten Injektion kam, war er noch voll mit kämpferischer Hoffnung. Es war auch nicht schmerzhaft, außer einem kleinen Pieks spürte er nichts. Allerdings schon nach wenigen Stunden war ihm übler als bei einer Magen-Darm-Grippe. Der Krankenhausgeruch mischte sich mit dem Geruch seines Erbrochenen und ließ ihn schlucken, beim Versuch sich nicht schon wieder zu übergeben. Der Geruch wollte einfach nicht mehr weichen. Nahrung bei sich zu behalten schaffte er trotz vieler Versuche einfach nicht. Nach wenigen Tagen knurrte sein Magen beständig und er wurde intravenös ernährt. Er magerte ab und verlor die Haare. Seine zuvor schönen vollen Haare. So wie er die Haare verlor, so wurde er auch matter. Zuvor war er ein außergewöhnlich fröhlicher Mensch gewesen, aber nun wirkte er missmutig. Kaum mit etwas zu erfreuen. Seine Eltern besuchten ihn häufig und versuchten ihn aufzumuntern. Ihre Anwesenheit half etwas, aber wenn sie gingen, fühlte er sich noch einsamer. Sein anfänglicher Optimismus verflog zusehends und die Lebensfreude war bald verschwunden. Sie war weggesogen wie Photonen von einem schwarzen Loch.

Seiner Arbeit konnte er, durch die vielen Krankenhausaufenthalte nur noch bedingt nachgehen. Da er in einer kleinen Firma arbeitete, konnte sein Chef nicht anders als ihn zu entlassen. So sehr dem Chef dies auch das Herz schwer machte. Ihn und Herbert verband ein freundschaftliches Verhältnis aber die Verantwortung für die anderen Mitarbeiter überwog. Zuvor hatte der Chef länger innerlich gezaudert.

Herbert ähnelte inzwischen einer Mumie, so faltig und vertrocknet sah er aus. Dadurch traute er sich auch kaum noch vor die Tür. Meist saß er alleine Zuhause auf der Couch und sah fern. Außer er war zu seiner Therapie. Die Behandlung dauerte mehrere Monate. Teilweise stationär aber auch ambulant. Die Krankheit war scheinbar verschwunden, aber sein Leben war nicht besser geworden. Herberts Eltern waren, während seiner Behandlung, bei einem Autounfall verstorben. Bei einem Autounfall auf dem Weg zu ihm ins Krankenhaus. Abends, wenn er versuchte einzuschlafen, quälten ihn schrecklich Schuldgefühle. Durch ihn waren sie gestorben. Andere Verwandte gab es nicht für das Einzelkind Herbert.

Auch wenn sich seine Stimmung etwas gebessert hatte, schaffte er es nicht, im Leben wieder Fuß zu fassen. Ein wenig war ihm, als wäre der Zug abgefahren.

Mühsam bewarb er sich bei Firmen. Nach der Einladung zum Vorstellungsgespräch bekam er Absage um Absage. Mit ihm musste etwas nicht stimmen.

Der Funken des Lebens brannte noch in ihm, aber zunehmend schwächer. Die Hoffnung schwand langsam dahin. Seine Freunde versuchten ihm zwar zu helfen, aber ihnen gelang es nicht recht etwas zu bewirken. Einladungen folgte er selten und auch sonst begab er sich selten unter Gesellschaft. Woraufhin auch die Einladungen seltener und seltener wurden.

Diese Trägheit nahm zu und auch sein Gewicht. Er wog inzwischen deutlich mehr als vor der Erkrankung. Dadurch fühlte er sich Fett und unattraktiv für die von ihm bevorzugten Frauen, schaffte es aber auch nicht, etwas dagegen zu tun.

***

Ein Leben in tragischen Bahnen. Das Ende dieses einsamen und gebrochenen Mannes war bestimmt nicht mehr fern. Sei es durch einen erneuten Ausbruch von Krebs, einem Selbstmord oder einfach dem Verlust des Lebensfunkens. Auf dieser Welt würde nicht viel mehr, als einem bald zugewehten Fußabdruck in der Wüste der Zeit bleiben.

***

Der Pfad des Lebens hängt von so vielem ab. Jeder Schritt bringt einen Menschen etwas weiter auf diesem Pfad mit vielen Abzweigungen. Es stellt sich nun die Frage. Was wäre, wenn Herbert nicht von dem Photon getroffen worden wäre? Wie wäre sein Leben dann verlaufen?

***

Das Photon hätte noch immer die Lichtjahre zurückgelegt. Mit einem kleinen Unterschied. Ein Sauerstoffmolekül wäre an einer ein wenig anderen Position gewesen. Das Photon kollidierte mit diesem Teilchen und erreichte die Haut von Herbert nicht mehr.

Aufgrund dieser winzigen Varianz erkrankte Herbert nicht. Er genoss die Sonne des Tages und arbeitete fröhlich weiter. An dem Tag, wo er bei einem anderen Verlauf, wegen eines dunklen Flecks beim Arzt gewesen wäre, kam eine attraktive junge Frau auf der Suche nach Arbeit in den Betrieb. Der Chef wollte sie schon wegschicken, aber Herbert überzeugte ihn sie einzustellen. Sie hatte ihm sofort gefallen. Herbert war froh eng mit ihr zusammen arbeiten zu können. Schon nach kurzer Zeit lud er sie zu einem Essen ein. Sein Herz hatte bei der Einladung wie wild geschlagen und als sie ja sagte, war ihm, als könnte er alles erreichen. Schon nach kurzer Zeit blieb es nicht mehr nur bei Abendessen und sie genossen die gemeinsame Nähe. Es war, als wäre Marie seine fehlende Hälfte. Sie kamen sich näher und näher, wurden nahezu unzertrennlich.

Herbert konnte sein Glück gar nicht so recht fassen. Sie stritten zwar auch ab und an, wie es einfach natürlich war, aber es gelang ihnen, die erblühende Beziehung fortzuführen. Ihre Nähe wurde dadurch sogar noch stärker. Es war, als würde die Sonne beständig für ihn scheinen. Sie war sein Licht.

Als er sie seinen Eltern vorstellte, war er natürlich sehr nervös. Diesen gefiel Marie aber auf Anhieb sehr gut. Sie waren froh, dass ihr Sohn endlich jemanden gefunden hatte.

Nach einiger Zeit war es dann soweit. Aus ihrer Leidenschaft hatte sich neues Leben entwickelt. Er bewunderte ihren größer werdenden Bauch und ertrug die vorübergehenden Stimmungsschwankungen. Die Freude auf ihr Kind half ihm all dies zu überwinden. Augenblicke der Freude, die sein Leben bereicherten. Die ersten Tritte, welche er durch Maries Bauch fühlte. Die aufregenden Krankenhausbesuche, auf die er sich jedes Mal freute. Denn jedes Mal konnte man auf den Ultraschallbildern etwas mehr erkennen. Manchmal konnte Herbert sein Glück einfach nicht fassen.

Nach neun Monaten erblickte ihr Sohn das Licht der Welt. Ohne einen genauen Grund zu wissen, nannten sie ihn Aurelius. Es war ihnen beiden einfach richtig erschienen.

Zusammen wurden Herbert und Maria älter. Die guten und die schlechten Zeiten wechselten sich ab, wobei die Guten überwogen. Sie bekamen noch weitere Kinder und wurden zu einer großen und glücklichen Familie. Einer wie sie Herbert als Einzelkind nie gehabt hatte. Kinder waren natürlich schon anstrengend und auch mit dem Geld mussten sie aufpassen, aber trotzdem gelang es den beiden stolzen Eltern, ihren Kindern ein glückliches Zuhause zu geben.

Bei jedem Schulabschluss eines der Kinder umarmte Marie ihren Herbert, mit Tränen der Rührung in den Augen. Die Abschiede fielen ihnen danach natürlich um so schwerer. Die Abschiede, als die Kinder ihrer Wege zogen um zu studieren, eine Ausbildung zu beginnen oder einfach die Welt kennen zu lernen.

Sie unterstützten ihre Kinder, so gut sie konnten, bei der Verwirklichung von deren Träumen. Es war etwas einsam für die beiden, nachdem alle Kinder flügge geworden waren. So freuten sie sich immer auf das Weihnachtsfest, wo sich alle versammelten. Viele Geschichten wurden ausgetauscht und auch opulent geschmaust.

Ihre Eltern, die Kinder und deren Kinder. Es war jedes Mal ein schönes Gefühl, auch wenn im Laufe der Zeit einige Stühle leer blieben. Nach und nach kamen dafür neue Familienmitglieder hinzu.

Bei einem der Weihnachtsfeste betrachtete der inzwischen uralte Herbert seine, erst wenig Wochen alte Urenkelin und musste lächeln. Die kleine Solveig umklammerte mit ihrer winzigen Hand seinen Finger. Ihre Augen strahlten begeistert und sie lächelte. Er blickte zu seiner Frau auf und versank in Gedanken an sein insgesamt zufriedenes Leben. Er wusste nicht, was das Leben seinen Enkeln und deren Kindern bringen würde, aber sie lebten.

Einige Jahre später entdeckte die junge Frau namens Solveig Meier ein ganz besonderes Medikament. Eines gegen Hautkrebs.

Auch die anderen Nachkommen gingen ihrer Wege und hatten teilweise wiederum selber Kinder. Es folgte Generation auf Generation. Alle stammten sie von Herbert und Marie ab. Auch wenn die Beiden nicht mehr lebten, so hatte ihr Leben doch deutliche Spuren hinterlassen. Es waren unter den Nachkommen Wissenschaftler, Philosophen, Handwerker und viele andere Lebenspfade. Und immer schien die Sonne wärmend auf ihre Häupter.

Manchmal fragte sich der eine oder andere Mensch, der im Genuss einer der Entdeckungen von Herberts Nachkommen kam, was wohl wäre, wenn dies nicht entdeckt worden wäre.

Ein einzelnes, über Lichtjahre gereistes, Photon kann die Welt verändern. Genauso wie der Flügelschlag eines Schmetterlings einen Sturm auslösen kann. Alles ist möglich und man könnte wahnsinnig werden über diese Möglichkeiten nachzudenken oder einfach Leben. Denn jeder einzelne ist wichtig, vielleicht nicht im Augenblick aber mit Blick auf alle Zeiten schon.

Anhang - So wertvoll Leben ist

Johnny hatte von seinen Freunden einen fast normalen Tod zum Nacherleben geschenkt bekommen. Dies war aktuell schwer in Mode. Bisher hatte er sich erfolgreich rausreden können, weil er keinen gesteigerten Bedarf darauf legte zu erleben, wie man starb. Lange hatte er gezögert, den Gutschein einzulösen, aber die Freunde nervten ihn immer wieder. Schließlich entschied er sich, den örtlichen Todeshändler aufzusuchen und es hinter sich zu bringen. Er konnte die ständigen Nachfragen nicht mehr ertragen, dennoch blieb die Nervosität, die ihn schon immer bei neuen Erfahrungen begleitete.

Mit unsicheren Schritten betrat er die Filiale der Sensenmann AG. Personal gab es hier keines, weswegen ihn auch eine computergenerierte weibliche Stimme aus einem verborgenen Lautsprecher grüßte.

"Guten Tag, wie kann die Sensenmann AG Ihnen heute einen guten Tod bringen?"

Johnny sah sich nach der Quelle der Stimme um. "Ich habe einen Gutschein geschenkt bekommen und wollte diesen nun einlösen."

"Was für einen Tod möchten Sie?"

Auf einem Wanddisplay erschienen verschiedene Todesarten. Johnny betrachtete diese lange und eingehend, konnte sich aber einfach nicht entscheiden. Die Stimme drängte ihn aber auch nicht, fast als wüsste sie, wie schwer ihm dies fiel. Die Beschreibungen klangen vage und trotzdem wurde Johnny bei jeder einzelnen mulmig.

"Ich kann mich einfach nicht entscheiden", brachte er schließlich hervor und war froh, dass hinter ihm keine Schlange wartete. Nichts war schlimmer als eine schwere Entscheidung zu treffen und dabei auch noch unter Druck zu stehen.

"Der Zufallsgenerator kann einen guten Tod für Sie auswählen, wenn Sie wünschen."

Da er nicht wusste, wie man einen 'guten' Tod wählte, ließ Johnny den Computer per Zufall wählen. Am liebsten hätte er gar nicht gewählt und wäre einfach wieder gegangen. Der Gedanke einen Tod zu erleben, verursachte Beklemmung bei ihm. Das war ein Thema, mit dem er sich lieber gar nicht befassen wollte.

Während Johnny anschließend im Wartezimmer der Sensenmann AG auf die Bereitstellung der sehr umfangreichen Datei mit dem Todeserlebnis wartete, las er zur Ablenkung einen Artikel über den Wandel zur elektronischen Unsterblichkeit auf seinem Ärmeldisplay. Seine Finger zitterten leicht, während er durch den Text scrollte. Der Ärmel konnte fast wie die gesamte Kleidung inzwischen zum Lesen genutzt werden. Druckbare OLEDs machten dies möglich. Teilweise wurde auch Werbung über die Klamotten eingeblendet. Akzeptierte man Werbeeinblendungen, gab es die Kleidung inzwischen häufig sogar kostenlos. Johnny verstand nicht, warum die ältere Generation werbefinanzierte Kleidung ablehnte.

Der Artikel, welchen er nur las, um das mulmige Gefühl zu vertreiben, wusste Johnny zu berichten, dass es seit kurzem möglich war, ein Bewusstseinsbackup zu machen. Das hieß, das gesamte Ich wurde stimuliert, gescannt und digitalisiert. Diese Bewusstseinskopie wurde dann dauerhaft gespeichert. Wie sich das wohl anfühlte? Man wäre quasi unsterblich hieß es. Neben dem Artikel sah er die wenig subtil eingeblendete Werbung für ein Bewusstseinsbackup. Johnny war sich nicht sicher, ob eine derartige Kopie wirklich das Wahre wäre. Es erschien ihm einfach unglaubwürdig, dass eine Kopie das gesamte Original enthielt. Dazu war es auch noch unglaublich teuer. Marktführer war derzeit die Gog-bookcloud mit zahllosen Kunden. Er wollte dieser Firma aber nicht vertrauen, dazu hatte er schon zuviel Schlechtes über sie gehört.

"Herr Sturm bitte in Erlebnisraum 3. Ihre Todeserfahrung steht nun bereit", erschallte plötzlich die Stimme erneut. Er zuckte zusammen. Wurde aus seinen Überlegungen gerissen. Johnny folgte mit zögernden Schritten diesem Aufruf. Sollte er das wirklich machen? Er hatte doch schon so viel über diese Erfahrungen gelesen und dies hatte nicht gerade seine Begeisterung geweckt. Es gab Artikel, welche vor den Folgen warnten, sich zu früh auf den Tod einzulassen. Personen sollten sich durch den Blick in die 'Augen des Todes' komplett verändert haben. Nicht immer zum Besseren. Einige sollte es sogar in den Selbstmord getrieben haben. Er schluckte. Fühlte sich wie auf dem Weg zum Henker.

Die Tür glitt vor ihm lautlos zur Seite und gab den Blick auf einen bequem wirkenden Sessel frei. Kaum zu glauben, wie unscheinbar dieser wirkte. Über dem Sessel war eine Art überdimensionale verkabelte Krone angebracht. Diese 'Krone' würde bald sein Gehirn zu fremden Erlebnissen stimulieren. Anders als seine Freunde hatte er noch keine Schnittstelle für direkten Datenzugriff implantiert. So würde er wohl diese sperrige Krone tragen müssen. Der Computer hatte ihn natürlich gescannt und dies automatisch festgestellt.

Die Erinnerungen an die letzte Diskussion, warum er kein Interface wollte, waren noch frisch. Er gehörte wohl zu der aussterbenden Spezies jener, die nicht einfach ihre Selbstbestimmung, für ein wenig mehr Bequemlichkeit, aufgaben. Zu tief saß das Misstrauen des Missbrauchs. In den repressiven USA wurde das System zum Beispiel für die Kontrolle der Bevölkerung genutzt.

Die Meinung wurde einfach vorgegeben und in die Gehirne eingespielt. Er wollte frei bleiben. Handfeste Beweise gab es keine, außer dem seltsamen Verhalten der Bevölkerung und natürlich den Wahlergebnissen. Diese lagen bei nahezu hundert Prozent, wie es früher nur in der heutigen Vorzeigedemokratie Nordkorea vorkam.

"Setzen Sie sich bitte", forderte die so echt klingende feminine Stimme. Vielleicht war es ja einer dieser Personen, welche sich kurz vor ihrem Tod in die Gogbookcloud Seven hatten laden lassen. Auch diese mussten teilweise arbeiten, um ihre Schulden für die digitale Unsterblichkeit zu begleichen.

War das nicht eher eine digitale Leibeigenschaft?

In dem Artikel, welchen Johnny vor kurzem gelesen hatte, wurden die Verträge kritisiert. Die Verwertungsrechte an der Todeserfahrung wurden komplett auf Gogbook übertragen, welche diese ganz nach belieben vermarkten konnte. Die Firmen trugen damit der Gier der Menschen nach Weiterexistenz Rechnung. Dies war Johnny inzwischen klar geworden.

Häufiger vorkommende Tode waren nur wenig Wert und reichten kaum zum Bezahlen der Bewusstseinsübertragung. In der Verwertung sah die Sache für die Firmen schon anders aus. Schließlich konnten sie eine Aufzeichnung beliebig oft nutzen. Es gab sogar Gerüchte, die zukünftigen Nutzer würden mit Versprechungen geködert, dass je ungewöhnlicher ihr Tod wäre, desto länger könnten sie die CloudSeven kostenlos nutzen. 'Wie kann man sich darauf nur einlassen. Ist die angebliche Unsterblichkeit wirklich ein vorzeitiges Ableben wert?'

Tatsache war jedenfalls, dass es Wettbewerbe des ungewöhnlichsten Todes gab. Als Preis winkte ein unbegrenzter Aufenthalt in der CloudSeven mit Premiumpaket. Natürlich brauchte es für die ungewöhnlichen Tode ein Implantat, da diese nur selten zuhause stattfanden.

Johnny machte es sich bequem in dem Sessel. Versuchte sich weiter abzulenken. 'Ich kann jederzeit aufstehen und wieder gehen.' Seine Gedanken ruhten aber auch noch bei dem Artikel.

Die Nutzer der Simulationen bewerteten 'ihre' Todeserfahrung. So makaber es war, das Geschäft mit dem Tod, brachte den Firmen enorme Gewinne. Johnny fragte sich immer häufiger, ob die Cloud wirklich das versprochene Paradies war oder sie sich nicht alle zu Sklaven der Cloud machten. Selbst jene die im Vorfeld für ihren Aufenthalt zahlten.

Wenn die Bewusstseine denn wirklich noch existierten und nicht nur vorgegaukelt wurden. Selbst jenen, die als Avatare in Talkshows eingeblendet wurden, konnte nur begrenzt getraut werden. Schließlich war nicht sicher, dass sie nicht nur das sagten, zu dem sie programmiert waren. Solange er es nicht ausprobierte, würde es wohl nicht merken und vielleicht nicht einmal dann, wenn er es tat.

Nur wirklich Reiche dürften sich die Cloud in ihrer ganzen Herrlichkeit leisten können. Das Bewusstsein gestaltete sich dort sein eigenes Paradies. Solange ausreichend Energie da war für eine Ewigkeit. Die Religionen verteufeln dieses nach ihrer Ansicht falsche Paradies ausnahmslos. Johnny selber schwankte in seiner Einstellung, wurde aber wieder aus seiner Grübelei gerissen.

Die 'Krone' senkte sich langsam auf seinen Kopf. "Entspannen Sie sich bitte und erlauben der Schnittstelle den Zugriff auf ihr Bewusstsein. Es wird nichts entnommen, dafür garantiert die Sensenmann AG." Johnny konnte nur hoffen, dass dies die Wahrheit war. Eine Möglichkeit zur Überprüfung hatte er nicht. Wenn etwas verändert würde, könnte er sich nicht mehr daran erinnern, was vorher anders gewesen war.

Zuerst merkte er gar nichts von dem künstlichen Gedankenfluss, dann folgte etwas wie eine Art von Vorspann, indem er über seine Rechte von einer Stimme aufgeklärt wurde, die nur in seinen Kopf erzeugt wurde. Noch könnte er abbrechen, aber nahm seinen Mut zusammen und würde es durchziehen.

***

Johnny öffnete die Augen und sah verschwommene Flecken um sich herum. Er lag auf dem Rücken, halb aufgerichtet. Wo war er? War er nicht gerade noch woanders gewesen? Er erinnerte sich nicht. Warum zeigten seine Augen ihm alles so undeutlich? Krampfhaft bemühte er sich darum, deutlicher sehen zu können. Erst mit sehr viel Anstrengung gelang dies. Die Flecken stellten sich als Menschen heraus, welche um ihn herum standen. Trotz größter Anstrengung nahm er sie als schemenhaft wahr.

Wer waren diese Menschen? Was wollten sie von ihm und warum standen sie um sein Bett? So wie er in die Matratze einsank, war es ein ziemlich weiches Bett und trotzdem fühlte sich sein Rücken so schmerzhaft an. Als er sich nur ein kleines Bisschen bewegen wollte, durchzuckte ihn intensiver Schmerz. Sofort ertönte ein fern klingendes Piepsen.

Das Geräusch stammte von einem Gerät, das Opiate in seine Adern pumpte, um den Schmerz zu lindern. Aber dies war für Johnny nicht wichtig. Er war nur dankbar, dass der Schmerz nachließ.

Er wollte etwas sagen, aber sein Mund schien viel zu trocken zu sein. Die Zunge wollte sich einfach nicht so bewegen, wie er wollte. Fühlte sich unangenehm groß an. Alles was über seine Zunge kam, waren Geräusche, die entfernt an Sprache erinnerten, aber nichts Klares aussagten.

Einer der Flecken beugte sich herunter. Ganz entfernt hörte er eine Stimme, er verstand aber nichts. Es war nur ein fernes Gebrumme.

Seine Gedankengänge waren so träge. Für eine gefühlte Ewigkeit dachte er darüber nach, ob er etwas sagen sollte. Er kam aber einfach zu keiner Entscheidung, als sich etwas gegen seine Lippen drückte. Nach einigen Augenblicken identifizierte Johnny das Objekt als Strohhalm. Es kostete ihn einiges an Kraft, an dem Halm zu saugen und etwas Flüssigkeit in seinen Mund zu bekommen. Dann kam das beschwerliche Schlucken. Fast wie bei einer Erkältung, wo der ganze Hals wund war, fühlte es sich an, die Flüssigkeit herunter zu bekommen. War er etwa erkältet? Das Atmen ging so schwer wie bei einer Erkältung. Aber der Brustkorb tat normalerweise nicht so weh, wenn er sich hob und senkte. Vielleicht fiel ihm ja deshalb auch das Sprechen so schwer. Er war einfach nur extrem heiser. Ja das war es bestimmt.

So flach hatte Johnny noch nie geatmet. Was war los mit ihm? Warum fühlte es sich an, als säße jemand schweres auf seinem Brustkorb, wie damals in der Schule? Hatte er deshalb die Schläuche in der Nase?

Eine Berührung an der Hand ließ ihn innerlich zusammenzucken. Als er sich umsah, schienen die bunten Flecken weg zu sein und nur noch ein weißer war neben ihm. Was er aber erst nach mühsamer Drehung seines Kopfes feststellen konnte. Auch dies wurde von Schmerzen begleitet. Wie war die Person so schnell hierher gekommen oder war er es, der seine Umgebung nicht mehr richtig wahrnahm? Wie viel Zeit war vergangen? Eine Uhr konnte er sehen. Vielleicht hatte er vorübergehend das Bewusstsein verloren. Das Denken fiel ihm so schwer, alles schien irgendwie so träge zu sein. Als hätte er am Vortag zu viel getrunken.

Irgendetwas machte die Person an seiner Hand. Vielleicht wechselte sie die Nadel. Auf jeden Fall war die Berührung überaus unangenehm. Als stünde seine Hand in Flammen. Das Piepsen, welches ihm zuvor Erleichterung angekündigt hatte, blieb aus. Was war nur mit seiner Haut los, dass diese so empfindlich war?

Wie viel Zeit verging, wusste er nicht. Aber für ihn plötzlich fühlte es sich wieder besser an. Nur der drängende Hunger, das leere Gefühl im Magen schien einfach nicht zu vergehen. Johnny konnte sich aber auch nicht daran erinnern, wann er das letzte Mal etwas gegessen hatte. Konnte er überhaupt essen? So schmerzhaft, wie das Trinken war, würde das Essen wohl noch schlimmer sein. Er musste schlucken, was das unangenehme Gefühl in der Kehle zurückbrachte. Die Zunge fühlte sich so schwer an und ihm war, als wäre ein großer Kloß im Hals. Als er den Arm heben wollte, gelang ihm dies nicht. Es war einfach keine Kraft mehr in seinen Armen. So sehr er sich auch bemühte, es gelang nicht. Fast als wäre er gefesselt mit sehr stabilen Gurten.

Als er sich umsah, war er wieder allein. Jedenfalls soweit er erkennen konnte. Trotz der Schmerzen versuchte er den Kopf hin und her zu drehen. Ihm war, als wäre er bewusstlos gewesen. Oder hatte er geschlafen? Er konnte sich nicht erinnern. War es wichtig, dass er alleine war? Gab es überhaupt jemanden? Er war sich nicht sicher, ob er nicht ohnehin allein war. Ganz dumpf kamen Erinnerungen an Kinderlachen an einem sonnigen Tag. Er konnte klar sehen und die von Blümchen durchsetzte Wiese war wunderschön. Neben ihm saß seine junge attraktive Frau. Er fühlte die intensive Liebe für sie. Auf der Wiese lief seine Tochter und freute sich über einen Schmetterling.

Erst nach einer Weile wurde ihm klar, dass dies eine Erinnerung gewesen war. Seine Frau und seine Tochter. Wie lange war dies her? Er konnte sich nicht erinnern. Waren sie etwa die Schemen an seinem Bett gewesen? Alles erschien ihm so unwirklich. Er hatte sich viel zu wenig Zeit für solche Momente genommen. Tiefes Bedauern durchflutete ihn. Eine Träne lief einsam über seine Wange, aber er konnte sie ohnehin nicht wegwischen.

Ihm war, als klingelte ein Wecker. Die Arbeit! Wenn er nicht aufstand, käme er zu spät. Aber als er aufstehen wollte, durchzuckte ihn sofort wieder der Schmerz im Rücken. Seine Arme schienen ihn auch nicht hochstemmen zu können. Sie fühlten sich so schwach an. Er schaffte es kaum, sie zu heben. War er nicht mal kräftig gewesen? Eine Hand drückte ihn sanft aber bestimmt wieder herunter. Die Berührung ließ seine Haut wieder brennen. Merkten sie nicht, dass sie ihm wehtaten? Irgendetwas wurde gesagt, aber er verstand nichts von dem. Er wusste zwar, dass gesprochen wurde, aber dies war zu undeutlich und zu leise. Wie seine Augen, so verweigerten auch die Ohren ihren Dienst.

Johnny sah einige Schemen, die um ihn herum standen. Dies kam ihm alles so bekannt vor. Hatte er dies nicht erst gerade eben gesehen? Was machte er überhaupt hier? Musste er nicht aufstehen und zur Arbeit?

Die fernen Stimmen klagen vertraut, aber er verstand kein Wort. Warum sprachen sie nur so leise? Er wollte sagen, dass sie lauter sprechen sollten, brachte aber wieder nur ein Krächzen hervor. Warum ließen ihn seine Stimmbänder im Stich?

Mühsam rang er nach Atem. Warum fiel ihm dies nur so schwer. Fühlte sich so ein Fisch auf dem Trockenen? So schnell wie die Schemen gekommen waren, waren sie auch wieder weg. Johnny war sich nicht einmal mehr sicher, ob sie je da gewesen waren.

Erneut schien jemand auf seinem Brustkorb zu sitzen. Es war, als müsse er ersticken und nichts könnte dies verhindern. Er brauchte Luft. Warum bekam er keine Luft mehr? Fühlte sich das Ersticken etwa so an? Keine Luft mehr zu bekommen und nichts dagegen tun zu können. Warum war er bloß so hilflos? Er wollte kämpfen, wusste aber nicht wie. Seine Kraft reichte einfach nicht aus.

Langsam fiel es ihm immer schwerer, einen klaren Gedanken zu fassen. Der Schmerz verschwand langsam, aber auch die Geräusche vergingen. Das Gefühl der Atemlosigkeit verschwand. Für eine Ewigkeit oder auch nur einen Augenblick kam ihm dies alles lächerlich vor, ihm war als sähe er etwas Helles. Dann setzen die Gedanken komplett aus.

***

Plötzlich saß er dann aber von einem Augenblick zum anderen in einem Sessel. Wo war er? Das Atmen fiel ihm nun wieder deutlich leichter und auch die Augen sahen wieder jedes Detail.

Langsam wurde ihm klar, dass er gerade den Tod eines anderen Menschen miterlebt hatte. Erst jetzt merkte Johnny, dass er total durchgeschwitzt war. Für einen Moment war es sich nicht sicher, ob dies die Wirklichkeit war oder nur eine Illusion. Hatte er das erlebt? Sein Herz schlug schneller.

"Es besteht kein Grund zur Panik, Sie haben gerade den altersbedingten Tod von jemandem im Krankenbett erlebt. Atmen Sie ein paar Mal intensiv durch. Genießen

Sie das Erlebnis und empfehlen Sie die Sensenmann AG weiter. Wir bieten ihnen jeden Tag einen anderen Tod, denn gestorben wird immer."

Die ruhige Stimme, ließ den aufsteigenden Anflug von Panik vergehen. Johnny folgte dem Ratschlag, fühlte sich aber immer noch ziemlich wackelig. Er war nicht gestorben, es waren nur die Erlebnisse von jemand anderem gewesen. Trotzdem blieb dieses beklemmende Gefühl zu ersticken. Seine Hände zitterten und nur mühsam zwang er sie zur Ruhe.

War es wirklich so zu sterben? Mit schwankenden Schritten kam er aus der Erlebniskabine. Johnny fühlte sich, als wäre er aus einem Alptraum erwacht. Warte dies auch auf ihn am Ende seiner Tage?

Er war froh, dass er heute Urlaub hatte, denn er konnte an nichts Anderes denken. Immer wieder erinnerte er sich an das Gefühl, so hilflos zu sein. Nicht einmal mehr mit Menschen reden zu können, die man liebte. Keinen Abschied hauchen zu können.

War der Tod wirklich so einsam? Auch auf der Fahrt mit dem Gogbookselbstfahrtaxibus nach Hause ging ihm die Todeserfahrung einfach nicht aus dem Kopf. Mehr als einmal versuchte er, an etwas anderes zu denken. Es wollte einfach nicht klappen. Fast als hielte eine unsichtbare Kraft seine Gedanken bei diesem Erlebnis.

Als er zu Abend aß, war ihm fast, als hätte er auch diese Schluckbeschwerden. Den Kloß im Hals. So sehr er es auch versuchte, es klappte nicht sich abzulenken. Auch die OLED-Tapete brachte nichts Vernünftiges. Schließlich blieb er beim Verschwörungssender BTV hängen. Dieser berichtete, dass die Todeserfahrungen zur Vermarktung der CloudSeven genutzt würden. Dazu sollten angeblich zusätzlich zur Todeserfahrung

auch noch unbewusste Befehle ins Bewusstsein ge-
pflanzt werden.

Johnny lief es eiskalt den Rücken herunter. Konnte er
etwa deswegen nicht mehr aufhören, über sein Todeserlebnis nachzudenken? Vielleicht war es ja auch einfach
nur das Erlebnis selber, was ihn so beschäftigte. Er
konnte nur hoffen, dass ihm keine Gedanken einge-
pflanzt worden war. Die Stimme bei Sensenmann AG
hatte schließlich nur versprochen, nichts zu entfernen,
wie er sich erinnerte.

Nach einem überaus grüblerischen Abend lag er
schließlich im Bett. Müde war er, aber seine Gedanken
fanden sich immer wieder, bei dem Gefühl zu sterben.
Dazu kam noch die hohe Temperatur. Die winterliche
Hitze sickerte einfach durch die multiisolierten Wände.
Das Energieeinspargesetz verbot allerdings die Nutzung
der Kühlanlagen im offiziell als kühl erachteten Winter.

Für einen Moment lenkte Johnny der Gedanke an die
Idiotie der Menschen ab, nicht auf die Wissenschaftler
gehört zu haben, als diese vor einer Erwärmung warnten. Nun musste seine Generation damit leben. Es war
ein teilweise bedrückendes Erbe.

Immer wieder wälzte sich Johnny hin und her. Er
konnte sich nicht erinnern, wann er jemals solche Ein-
schlafprobleme gehabt hätte. Die Gedanken an den Tod
ließen ihn die gesamte Nacht nicht los. Am Morgen
klingelte der Wecker viel zu früh. Sein Urlaub war schon
wieder vorbei.

Auch die nächsten Tage fiel ihm das Schlafen nicht
leichter. So nutzte er die Zeit, um nachzudenken und zu
lesen. Eine Angst grub sich langsam immer tiefer in sein
Bewusstsein. Die Angst vor dem Tod. Die Angst davor,
so hilflos zu liegen. Die Angst, fast völlig von der Au-
ßenwelt abgeschnitten zu sein. Die Angst zu enden.

Um sich von der Angst abzulenken las er mehr und mehr über den Tod. In einem Bericht wurden Todesjunkies erwähnt, die einfach den nächsten Tod brauchten. Einige nutzen das Nacherleben des Todes nur als Freizeitvergnügen, aber andere waren süchtig danach. Süchtig nach immer neuen Arten zu sterben. Johnny konnte dies nicht verstehen, wie man sich diese Erfahrung nur immer wieder antat. Das eine Mal hatte ihm völlig gereicht.

Wie er erfuhr, war es die gängige Praxis, dass wenn jemand starb, der Prozess fast immer aufgezeichnet wurde. Die Krankenhäuser sicherten sich so ab, falls zum Beispiel niemand die Rechnungen zahlte. Ansonsten kam der Gewinn den Erben zugute, abzüglich einer nicht unbeträchtlichen Gebühr fürs Krankenhaus. Johnny konnte sich nur wundern, was für ein Geschäft die Krankenhäuser inzwischen nicht nur mit der Heilung, sondern auch mit dem Tod machten. Ob es da nicht einen Interessenkonflikt gab?

Immer wieder schüttelte Johnny verwundert den Kopf über die Absurditäten, welche das Geschäft mit dem Tod mit sich brachte. Neben dem legalen Markt gab es auch Händler, welche mit meistens illegalen spektakulären Toden handelten. Er konnte sich nicht vorstellen, wieso jemand eine Exekution nacherleben wollte. Der Tod durch Gift oder Stromschlag war bestimmt nicht angenehm. Ebenso wenig, wie sich vor einen Zug zu werfen oder zu verbrennen. Das war höchstens etwas für besonders extreme Masochisten.

Am widerlichsten fand er, wie Terroristen mit ihren Selbstmordanschlägen und deren Vermarktung an Todesjunkies auch noch Geld verdienten. Nicht nur, dass sie sich damit finanzierten, er hatte auch den Eindruck, es gingen den Terroristen in Wirklichkeit nur um Geld und Macht. Werte spielten wohl keine Rolle für diese Menschen. Er mochte sich gar nicht vorstellen, wie es war von einer Explosion zerfetzt zu werden. Aber vielleicht bekam man dies auch gar nicht mehr mit.

Die Schlafprobleme bekam Johnny vorerst nur mit Schlafmitteln in den Griff und selbst dann quälte ihn in den Träumen noch immer der Tod. Seine Freunde rieten ihm, es noch einmal zu tun. Es würde helfen, sich an den Gedanken des Todes zu gewöhnen. Aber dies wollte er gar nicht.

Dann kam ihm endlich eine Lösung in den Sinn. Früher hatten die Menschen versucht, etwas der Welt zu hinterlassen, indem sie in Netzwerken möglichst viele Spuren erzeugten und selbst das Peinlichste Online zu stellen. Heute gab es die Cloud als technischer Himmel. Dies würde die Angst vor dem Tod hoffentlich dämpfen.

So entschied Johnny zu sparen, er wollte nicht sterben und auf jeden Fall ein Backup machen lassen. Zugleich drängte aber auch alles in ihm, jeden Tag besonders bewusst zu leben. Schließlich konnte jeder Augenblick der Letzte sein. Da sollte er nicht so viel Zeit mit Gedanken an den Tod verschwenden. Natürlich suchte er sich nun auch endlich eine Partnerin. Denn ihm war endlich bewusst geworden, wie wertvoll Leben ist.

Anhang - In den Urlaub auf vier Rädern

Das Leben ist selten einfach und hält viele Überraschungen bereit. Natürlich wäre es auch langweilig, wenn es anders wäre. Wobei ich nicht unbedingt jede Überraschung haben müsste.

So habe ich mir, bei einem ziemlich unglücklichen Unfall, vor wenigen Wochen beide Beine gebrochen. Bis zum Knie steckte ich in Gips und konnte mich nicht einmal auf Krücken bewegen. Ich war auf einen Rollstuhl angewiesen.

Der Arzt hatte mir Ruhe empfohlen, allerdings gab es da ein Problem, schon vor einiger Zeit hatte ich einen Urlaub gebucht. Das Hotel war als Treffpunkt für Singles weithin bekannt und so war auch ich guter Hoffnung gewesen, dass sich der nicht gerade billige Urlaub romantisch lohnen würde.

Das würde nun wohl nichts mehr geben. Im Rollstuhl war eine derartige Reise natürlich nicht machbar. Ein Anruf bei meinem Reisebüro belehrte mich eines Besseren. "Guten Tag. Mein Name ist Peter Kahlert. Ich wollte meine Reise stornieren."

"Einen Moment bitte", kam es vom anderen Ende Leitung. Anscheinend suchte die Frau gerade meine Unterlagen raus.

"Eine Stornierung ist zu diesem Zeitpunkt nicht mehr möglich. Leider haben Sie keine Reiserücktrittsversicherung abgeschlossen, sodass Sie kein Geld zurückbekommen würden", erklang es in einem sachlichen Tonfall.

"Aber ich kann den Urlaub doch gar nicht antreten, weil ich einen Unfall hatte und nun im Rollstuhl sitze", versuchte ich es erneut.

"Einen Moment."

Sie schien wieder in ihrem schlauen Computer zu schauen.

"Laut den Hotelunterlagen ist dieses für Rollstuhlfahrer geeignet. Somit greift ein eventuelles Sonderrücktrittsrecht in diesem Fall ebenfalls nicht."

Etwas resigniert verabschiedete ich mich und brachte noch ein nicht ganz ernst gemeintes 'Danke' für die Auskunft raus.

Ich müsste also nicht nur die Zeit im Krankenhaus verbringen, weil meine Wohnung für einen Rollstuhl absolut ungeeignet war und dafür auch noch zahlen, sondern bekam nicht einmal das Geld für die Reise zurück.

Meine Stimmung sank auf ein absolutes Tief. Missmutig lag im Bett. Mit Fernsehen und Laptop versuchte ich mich, von dem ständig wachsenden Juckreiz unter dem Gips abzulenken. Kein Schmerz war schlimmer, als ein derartiger Juckreiz, der sich nicht stillen ließ.

Es waren ja noch ein paar Tage bis zur Reise, vielleicht fand ich jemand, der sie mir abkaufen wollte. Ich gab also eine entsprechende Kleinanzeige auf und hoffte auf das Beste.

Leider vergingen die Tage viel zu schnell und es gelang mir nicht, jemanden zu finden. Jeden Tag nach dem Training mit dem Rollstuhl, um diesen zumindest rudimentär bedienen zu können, schaute ich ins Netz. Immer mit der Hoffnung, dass jemand an meiner Stelle die Reise antreten würde. Es fand sich aber kein ernst gemeintes Angebot und für 100 Euro würde diese Reise bestimmt niemanden 'verschenken'.

Wenige Tage vor der Reisebeginn hatte sich noch immer niemand ernstzunehmendes gemeldet. Aus meinem Bekanntenkreis fand sich auch niemand. Sobald ich den Preis erwähnte, verschwand jegliches Interesse.

Eine der Krankenschwestern riet mir schließlich, den Urlaub selbst anzutreten. Zuerst war ich skeptisch, aber je mehr ich darüber nachdachte, desto sinnvoller schien es mir. Ich war eh noch eine Weile krankgeschrieben und der 'Urlaub' täte mir gut.

Die Planungen wenige Tage vorher waren natürlich nicht so einfach. Erst einmal musste ich schauen, wie ich überhaupt hinkam. Mit einem Auto wäre die Reise sicherlich einfacher gewesen, aber leider fand ich hier niemanden, der Zeit hatte. Nur für den Rückweg bot sich der Carsten an.

Ein Taxi wäre bei der Entfernung einfach zu teuer, also blieb nur noch die Bahn für die Hinfahrt. "Das wird bestimmt ein großes Abenteuer und gibt ihnen vielleicht sogar eine neue Perspektive.", überzeugte mich schließlich Schwester Ursula, beim morgendlichen Waschen.

Die Bahn war gar nicht so schlecht aufgestellt für eine Fahrt mit dem Rollstuhl. Per Internet reservierte ich eine Fahrkarte und nahm Kontakt mit der Mobilitätsservice-Zentrale auf. Dieser Zentrale schilderte ich meine Reiseroute und Details zum Rollstuhl und bekam kurz darauf die Bestätigung, dass alles arrangiert würde.

Die Reise würde starten von einer S-Bahnstation nahe dem Krankenhaus und mich dann über den Hauptbahnhof direkt zum Zielbahnhof führen. Aus meiner Erfahrung mit Fernreisen hatte ich 40 Minuten Umsteigezeit einkalkuliert, was hoffentlich reichen würde.

Das Gepäck hatten meine Eltern für mich aufgegeben, wodurch es schon vor Ort sein würde, wenn ich ankam. Den Weg zum Bahnhof wollte ich aber alleine schaffen. Hilfe anzunehmen war mir noch nie leichtgefallen und ich hatte in der letzten Zeit schon viel zu oft Hilfe in Anspruch nehmen müssen.

Auf dem Hinweg zum S-Bahnhof hatte ich leider völlig meine Kraft und Ausdauer überschätzt, denn es war schwieriger als gedacht, über die Bordsteinkanten zu rollen, geschweige denn den Rolli den Berg hochzubekommen. Ein wenig verschwitzt hatte ich es dann endlich zum Aufzug runter zu den Gleisen geschafft. Als der Fahrstuhl unten ankam, sah ich gerade noch, wie die S-Bahn abfuhr.

"Verdammt.", fluchte ich ziemlich laut. Die geplante S-Bahn hatte ich wohl verpasst. Ich hoffte bloß, dass mir noch genügend Zeit blieb. Mir blieb nichts anderes übrig als an die Infosäule zu rollen und zu fragen. Der Fahrplan hing leider viel zu hoch, so dass ich die relevanten Abfahrtszeiten gar nicht sehen konnte.

Die nächste S-Bahn erwischte ich. Früher war ich immer genervt, wenn ein Rollifahrer in die S-Bahn einstieg. Nun fühle ich die Blicke der anderen auf mir lasten. Dort stand ich im Fahrradbereich, was mir ein rüpelhafter Radfahrer auch direkt verleiden wollte. Dabei war der Bereich auch für Rollstühle gedacht. Meine Argumente konnten ihn nicht überzeugen und er ging sogar zu Drohungen über. Ich war froh, als ich am Hauptbahnhof endlich draußen war.

Allerdings hatte ich mich zu früh gefreut, denn hier war der Fahrstuhl kaputt und niemand von der Bahn wartete auf mich. Da hier nicht wenig Gedränge war musste ich ein wenig warten und konnte dann erst eine Infosäule suchen. Ohne Aufzug musste der Mitarbeiter Bahn mit mir die Gleise überqueren, wodurch ich meinen Anschluss verpasste und nun eine Stunde warten durfte. Mein Sparticket wurde mir glücklicherweise angepasst, wobei der Schalter keineswegs für Rollstuhlfahrer geeignet war.

Nach dieser kleinen Odyssee kam ich mit einiger Verspätung am Zielort an. Ein Bahnsteig mitten im nirgendwo, bei dem ich schon froh sein konnte, dass ich überhaupt raus kam. Eigentlich sollte mich hier jemand vom Hotel abholen, beim Umsehen konnte ich aber niemand entdecken, der auf mich wartete.

Nachdem auch die letzten Passagiere weg waren, stand ich ziemlich alleine am Eingang zum Bahnhof. Dieses Gefühl des Alleinseins war schon unangenehm.

Mir blieb wohl nichts anderes übrig, als das Hotel anzurufen und zu fragen, wo mein Abholer blieb. Ich zog mein Handy aus der Jackentasche und wie konnte es anders sein, es fiel mir runter.

Da lag es nun auf dem Boden nur wenig Zentimeter von meiner Hand entfernt und ich kam einfach nicht dran. Aufstehen konnte ich nicht und weit genug rüberbeugen auch nicht. Mürrisch wartete ich in der Hoffnung, jemand würde kommen. Es kamen einige, allerdings gingen diese einfach vorbei. Sie ignorierten mich und reagierten nicht auf Ansprachen. Erst eine junge Türkin erkannte meine Notlage und hob mein Handy auf.

Eine halbe Stunde später ging die Reise weiter zum Hotel. Das Auto war nicht wirklich für einen Rollstuhl geeignet und mehr als einmal befürchtete ich umzukippen. Einen Unfall hätte ich wohl kaum überlebt. Ich war jedenfalls froh, als wir endlich da waren und ich 'ausgeladen' wurde. Auf meinen Vorschlag, mir auf den Sitz zu helfen, war man leider nicht eingegangen.

Das Fahrzeug und der Fahrstil hatten Zweifel bei mir geweckt, ob das Hotel wirklich für Menschen auf Rädern geeignet war. Eine Rampe sah ich schon, allerdings schaffte ich die Steigung nicht ohne Hilfe. Das konnte ja heiter werden.

Endlich in der Eingangshalle drin schaffte ich es mich mit schon müden Armen zur Rezeption zu rollen, an welcher der Portier stand. Die Eintragung gestaltete sich ein wenig schwierig, denn ich kam erneut nicht dicht genug dran. Die Beine samt Knie hielten mich auf Abstand. Um die Anmeldung auszufüllen, musste ich mich seitlich zum Tresen positionieren und unangenehm drehen.

Dann bekam ich endlich meine Schlüsselkarte und konnte zum Aufzug in die dritte Etage. Der Aufzug Marke 'Schmitz und Söhne' war ziemlich eng und ließ mir keine Möglichkeit zum Wenden, um die Tafel zu bedienen. Dies hieß wohl, ich müsste rückwärts den Fahrstuhl verlassen, denn dieser Aufzug hatte die Tür nur in eine Richtung.

Mit erheblicher Anstrengung schaffte ich es, das Bedienfeld zu erreichen und die 3 zu drücken. Schon jetzt schmeckte mir der Aufenthalt wenig bis gar nicht. Ob das Hotel dachte, mit der Rampe am Eingang sei alles rollstuhlfahrergerecht?

Mit Mühe schaffte ich es, den Aufzug zu verlassen, nachdem ich einmal von der Tür eingeklemmt wurde. Dann war ich endlich in meinem Zimmer. Der Rollstuhl hatte so gerade eben durch die Tür gepasst. Ein Zentimeter mehr und ich hätte schauen können, wie ich ins Zimmer käme.

So langsam kamen mir Zweifel an der Aussage aus dem Reisebüro. Hatten die mich zum Narren gehalten, um mir das Geld nicht zurückzahlen zu müssen? Es kam mir fast so vor.

Bedächtig sah ich mich im Zimmer um. Das Badezimmer war ziemlich eng. So eng, dass ich mich fragte, wie ich vom Rollstuhl auf die Toilette kommen sollte. Ich rief also den Zimmerservice an. "Vom Reisebüro wurde mir gesagt, sie wären rollstuhlfahrergerecht, aber mein Badezimmer ist viel zu eng." "Für Rollstuhlfahrer haben wir im Erdgeschoss eine Toilette und Dusche." Es klickte in der Leitung. Die Rezeption hatte einfach aufgelegt.

Langsam dämmerte mir, dass der Antritt dieses Urlaubs wohl doch keine so gute Idee gewesen war. Die Bilanz für mein Zimmer war katastrophal. Der Schreibtisch war zu niedrig und zu kurz. Die Duschwanne konnte nicht einmal annähernd als barrierefrei bezeichnet werden und das Bett war zu niedrig. Wobei die Duschwanne wohl kein Problem darstellen dürfte, da ich wegen dem Gips ohnehin nicht duschen konnte.

Die Zeit hier würde für mich ziemlich anstrengend werden. Erholsamkeit sah anders aus. Vorsichtiger als zuvor zog ich mein Handy hervor.

"Hallo Gustav, hier Peter. Du hattest angeboten, mich abzuholen."

"Ja?" Sein Tonfall klang fragen misstrauisch und gern bat ich nicht um diesen Gefallen.

"Könntest du mich bereits morgen abholen?", fragte ich vorsichtig.

Gustav musste erst einmal überlegen: "Ja aber erst am späten Nachmittag."

Wir verabredeten uns für den nächsten Nachmittag. Einen Tag in dem Hotel würde ich überstehen müssen.

Inzwischen hatte sich meine Laune nicht nur verschlechtert, zu allem Überfluss knurrte mir auch noch der Magen. Wieder zwängte ich mich in den Aufzug und überwand die Etagen. Am Empfang erkundigte ich mich nach einem Restaurant und ich bekam eine Empfehlung. Auf der Straße erwarteten mich die üblichen Probleme, wie zu schmale Gehwege, die teilweise sogar

noch langsam zuwucherten. Auch parkten einige Autos
sehr ungünstig und die Kanten waren nicht abgesenkt.

Das Restaurant hatte wenigstens eine vernünftige
Rampe und die Tür war auch für Rollstuhlfahrer ausge-
legt. Das Essen schmeckte mir gleich um einiges besser,
wenngleich die Preise sich eher an den Touristen orien-
tierten.

Auf dem Rückweg kämpfte ich mit denselben Proble-
men, wie zuvor. Ich war froh, im Zimmer zu sein, wo
ich mich nach der einfachen Wäsche mit einem Wasch-
lappen und Zähneputzen nur noch aufs Bett quälen
musste. Gerade als ich auf dem Bett war, fiel mir ein,
dass ich eigentlich noch ein wenig Fernsehen schauen
könnte, allerdings war dieser nicht an und auch die
Fernbedienung nicht in Reichweite.

"Hätte ich mir vorher überlegen sollen", seufzte ich
laut zu mir selbst. Auch ohne Fernsehen schlief ich irgendwann trotz juckender Beine ein.

Am nächsten Morgen offenbarten mir sich beim
Frühstück die nächsten Hindernisse. Vieles an dem
doch recht umfangreichen Buffet stand viel zu weit hinten und so außer meiner Reichweite. Und die Tische
waren definitiv nicht für Rollstuhlfahrer gemacht. Sie
hatten einen Mittelsteg, der sicherlich schon für norma-
les Sitzen problematisch wäre, aber mit Rollstuhl einen
ziemlichen Abstand zum Tisch notwendig machte.

Letztendlich drehte ich mich seitwärts und aß zwar
unbequem, aber zumindest nicht zu weit vom Tisch entfernt. Während ich das Frühstück aß, dachte ich daran,
wie ich nun mein Geld zurückbekommen könnte. Das
würde sicherlich nicht so einfach werden, aber verar-
schen lassen würde ich mich auch nicht.

Mit Erleichterung dachte ich daran, dass mein Roll-
stuhlaufenthalt nicht für immer sein würde. Ich nahm

mir fest vor in Zukunft mehr daran zu denken, wie es jenen erging, die täglich mit den für einige scheinbar unbedeutenden Hürden zu kämpfen hatten.

Anhang - Der Morgen danach

Als ich erwachte, wusste ich zuerst nicht, wo ich war. Mir taten die Knochen weh, denn in der Enge war der Schlaf nur wenig erholsam. Alles war dunkel um mich herum. Die Luft roch nach Rauch. Neben mir raschelte es in der Dunkelheit. Ich sah einen Spalt, durch den etwas Licht hereindrang.

Mir fiel wieder ein, dass wir uns in einer Geheimkammer versteckt hatten. Einem staubigen und muffigen Ort. Eigentlich zu eng für drei Personen, und daher voll mit stark abgestandener Luft.

Gestern schlief ich schon, als meine Eltern mich weckten. Wir hörten Lärm von der Straße, Schreie und wütende Sprechgesänge. Vater schickte uns in die alte Geheimkammer, die früher mal als Lager für Wertsachen gedient hatte, inzwischen aber nichts mehr von Wert enthielt. Alles war verkauft worden. Die Zeiten waren schlecht und bei einem Gespräch von Vater und Mutter verstand ich, dass das Geld für eine Reise war.

Ich erkannte in den Hassrufen die Stimmen von Nachbarn. Diesen Hass gab es nicht erst seit gestern. Es wurde mit der Zeit immer schlimmer. Wir spielten inzwischen nur noch drinnen und wagten uns nur selten auf die Straße. Eng war es hier. Die meisten Bücher hatte ich schon mehrfach gelesen.

Die Langeweile machte es noch unerträglicher, als es ohnehin schon war. Der kalte Hass in den Augen der anderen, machte mir angst. Die ständigen Übergriffe ... von der Obrigkeit konnten wir hier nichts erwarten. Vater versuchte es einmal und auch einige unserer Bekannten. Sie glaubten uns nicht oder taten nur so oder lachten uns sogar aus. Ich verstand es noch nicht – mehrfach hatte mir Vater eingebläut, mich nicht zu wehren. Es würde alles nur noch schlimmer machen.

Am Abend, als die Meute kam und wir in die dunkle Kammer flüchteten, spürte ich, wie Mutter jedes Mal bei einem Klirren zusammenzuckte. Wir hörten die Worte, welche sie Vater gegenüber äußerten. Viele dieser Worte waren gemein. Es hörte sich an, als würden sie ihn schlagen. Er war überaus tapfer und verriet uns nicht. Dann wurde es ruhig in der Wohnung, aber wir trauten uns nicht heraus. Bisher hatte ich noch nie solche Angst. Mutter musste meine Schwester mehrfach am Kreischen hindern.

Wir warteten darauf, dass Vater uns herausholen würde. Aber er kam nicht. Auch wenn sie es verbarg, hörte ich das leise Schluchzen meiner Mutter. Sie dachte die gleichen Gedanken – wie ich. Wohl eine Mischung aus Trauer, Verzweiflung. Jede Regung, jede Handlung konnte die Falsche sein. Wir gingen nicht heraus, dass hatte uns Vater mehrfach eingeschärft. Wir durften erst wieder raus, wenn er uns rausholte. Irgendwann schlummerten wir dann alle ein.

Jetzt, am nächsten Morgen, saßen wir jedenfalls zusammengekauert, hier in der Kammer. Mutter, meine Schwester und ich. Wagten es kaum, uns zu rühren oder laut zu atmen. An Niesen war gar nicht zu denken, selbst wenn der Staub noch so sehr in der Nase kitzelte.

Wir warteten weiter. Aus Angst wagten wir nicht zu sprechen. Aber irgendwann hielten wir es nicht mehr aus. Mühsam kroch ich aus dem Versteck hervor. Ich zuckte bei jedem Geräusch zusammen. Das Knarren der Dielen, das Öffnen der Klappe und auch das leise Rascheln, als ich mich vorsichtig herausschob. Trotz der Kälte schwitzte ich.

Von dem, was wir vorher Heim nannten, war nicht mehr viel geblieben. Die Wände standen noch. Sonst war vieles umgeschmissen. Einiges gänzlich zerstört. Nicht wenig lag in Scherben auf dem Boden, so dass ich Mühe hatte, mich geräuschlos umzusehen. Mit jedem Schritt pochte mein Herz bis zum Hals, immer in Erwartung, ob nicht doch, noch jemand auf uns lauerte.

Ich sah den Wandspiegel von Großmutter in Scherben. Auch das Porzellan war nicht mehr heil. Selbst die kleinen Scheiben von der Anrichte waren entzwei.

Vater konnte ich nirgends entdecken, aber glücklicherweise wartete auch niemand anders auf uns.

Nur 9. November 1938?

Quellen

Werke/Schriften von:
Frank Herbert
Leonardo Da Vinci
Albert Einstein
Sören Kierkegaard
Descartes
Marwin Nowak
Roger Highfield
Abraham Harold Maslow
Philipp K. Dick
Die Perry Rhodan Heftreihe
Jean-Jacques Rousseau
Charles Darwin
Platon
Francis Bacon
Blaise Pascal
William Faulkner
George Bernard Shaw